東アジア地域連携シリーズ

老いる東アジアへの取り組み

相互理解と連携の拠点形成を

小川全夫 [編]

5 | East Asia
　| Regional
　| Integration
　| Series

九州大学出版会

まえがき

　この本は，九州大学アジア総合政策センターが，2006年以来，中国社会科学院日本文化研究所，韓国東国大学校と共催した「日中韓シンポジウム」の高齢化社会分科会で論じ合ってきた成果に基づいて，今後，福岡の地において，東アジアの人口のエイジング（少子高齢化）に対する調査研究と政策提言・事業提案に取り組む拠点を形成することを提言するものである。そこでタイトルは，「老いる東アジアへの取り組み：相互理解と連携の拠点形成を」とした。

　日本はいまや世界で最も人口が老いた国になっている。そして東アジア地域の人口高齢化は，その規模と速度では世界の他地域をはるかに抜きん出ている。日本のたどった足跡を大急ぎで大規模に後追いしているといってよい。それだけに日本は，もう諸外国にはモデルがないことを強く自覚し，むしろ日本が後追いするアジアの諸地域に対してモデルを提示する使命を果たすべきであろう。もちろん，モデルといっても日本の取り組みが理想的であるということを意味するものではない。成功したものもあれば，失敗したものもあるだろう。重要なのは，結果ではなく，どのようないきさつで，いかなる要素を組み合わせて，日本のエイジングの歩みは方向づけられたのかを明解に説明することができなければならないということである。

　第2次世界大戦後，日本は人口構造の転換と経済発展を結びつけ，個人主義化，核家族化，都市化，産業化と，さまざまな「社会変化」を目指してきた。その一連の政策，事業展開と人々の生活の変化は，今や予期せざる結果にさらされ，大きなリスクにさらされている。65歳以上人口が14歳以下人口よりも多くなり，15歳から64歳の人口が割合と

しても実数としても減少し，総人口も長期的に減少する段階に突入したのである。日本は，今まで築き上げてきたシステムに依存していては，将来が描けないというリスクが高まったといえよう。

　今後，日本をはじめ，東アジアの地域はこのリスク回避のために，実態に即して調査研究し，将来を再構築する政策的，事業戦略的構想を立てなければならない。とりわけ，伝統的に共通する文化を抱えた日中韓は，この劇的な人口の少子高齢化という社会変化に対する取り組みにおいても，欧米とは異なった特有のリスクを抱えている。ともあれ，東アジアはともにさらなる今後のエイジングの課題を共有しながら相互の理解を深め，連携する必要があるだろう。この本で各人各様に語られた実態を出発点として，次の一歩が踏み出される。その足跡が，次の世代にとってのリスク回避策の一助となることを祈念するのみである。

　　平成22年3月31日

　　　　　　　　　　　　　　　　　九州大学名誉教授　小川全夫

目　次

まえがき………………………………………………小川全夫　i

第1章　東アジア高齢化の社会的リスク…………小川全夫　1

　はじめに　1

　1. アジアの人口変動と日中韓の現段階　2

　2. 日中韓の経済発展と少子高齢化　16

第2章　立ち遅れた所得保障と急速な高齢化の影響
　　　　——韓国の経験と課題——
　　………………………………………………朴　光駿　23

　はじめに　23

　1. 韓国における高齢者所得保障の発展　24

　2. 「家族の被扶養者」として位置づけられた高齢者　30

　3. 少子高齢化の進行と高齢者問題　33

　4. 安定した老後生活を脅かす文化的要因　36
　　　——東アジア共通のリスク？——

　5. 少子高齢化への取り組み　42

　6. 少子高齢化対策の課題　47

第3章　韓国における高齢者健康・介護政策の
　　　　実態と今後の改善課題 ……………………… 鮮于　悳　53

　はじめに　*53*

　1. 高齢者健康・介護政策の樹立背景　*55*

　2. 高齢者介護政策の内容と運営実態　*60*

　3. 高齢者健康増進および維持政策の内容と運営実態　*68*

　4. 高齢者健康・介護政策の問題点と改善課題　*74*

　5. 結　　論　*77*

第4章　中国の人口発展と養老リスク ……………… 王　　偉　81

　はじめに　*81*

　1. 出生率の変動から見る人口発展段階　*82*

　2. 人口の構造変動と養老リスク　*84*

　3. 家族と養老リスク　*86*

　4. 人口政策をめぐる議論　*87*

　5. 中国の人口発展目標　*88*

第5章　中国の高齢化対応 —— 都市部の社区の役割 ——
　　………………………………………………… 趙　　剛　91

　はじめに　*91*

　1. 社 区 と は　*91*

　2. 社区の役割　*94*

　3. 社区の諸活動　*96*

　4. 中国の高齢化の特徴　*99*

　5. 中国の高齢者の暮らしと社区　*100*

　6. おわりに　*103*

第6章　日本の高齢化と政策展開……………………小川全夫　105

はじめに　105
1. 人口高齢化段階の取り組み　106
2. 高齢社会への準備段階　107
3. 第2の人口転換期突入段階　112

第7章　日本における介護保険サービス提供の
　　　　　理想と現実……………………………………安立清史　121
　　　　　——営利法人とNPO法人との比較分析——

はじめに　121
1. 研 究 課 題　122
　　——介護保険制度における民間非営利組織（NPO）の役割とは何か——
2. 介護保険におけるNPO―行政関係　124
3. 営利法人とNPO法人との比較研究　126
4. 考　　察　136
5. ま と め　140

第8章　東アジアに対する日本の高齢化対策の
　　　　　応用可能性……………………………………陳　暁嫻　143

はじめに　143
1. なぜ「日本の経験」なのか　144
2. 日本の人口高齢化の進行過程から学ぶもの　146
3. 日本の高齢化対策および発信できる教訓　149
4. 上海の在宅サービスの展開　154
5. 提　　案——結びにかえて——　158

第9章　新しい社会的リスクとしての
　　　　国境を越える人口移動 …………………小川全夫　163

はじめに　163

1. 高齢化に対するドメスティックな体制に対する挑戦　163
2. グローバル化時代の経済統合と社会保障の課題　167
3. 日中韓アクティブ・エイジング対策の収斂と文化的多元化　171
4. 日中韓でアクティブ・エイジングを目指す　177
　　――東アジア・エイジング政策研究拠点形成にむけて――

参考資料

1. 日本の高齢化社会対策年表 ………………………………… 183
2. 韓国の高齢化社会対策年表 ………………………………… 185
3. 中国の高齢化社会対策年表 ………………………………… 186
4. 日本の介護サービス（英語・韓国語・中国語対訳）……… 188

あとがき ……………………………………………小川全夫　191

第 1 章

東アジア高齢化の社会的リスク

小川全夫

はじめに

　日本において，少子高齢化という言葉が人口に膾炙して久しくなる。そして今や高齢化社会ではなく高齢社会に達して，超高齢社会に向かっていると論じられる。総人口に占める 65 歳以上人口の割合が 1970 年に 7％を超えた時を高齢化と見なし，1994 年にその倍の 14％に達した時から高齢社会になったとみなし，2007 年に 3 倍の 21％に達してしまったのでもう超高齢社会と言うほかないようであるが，日本の将来人口はまだまだこれから 4 倍を遙かに超え，40％に達するだろうと予測されている。それは総人口の減少という事態も惹起するために，人口の増加ないし安定を前提に設計されていたすべての社会制度（社会保障制度のみならず教育制度や種々のマーケットを含む）が根底から揺るがされる新しい社会的リスクを生み出している。もちろん，多くの人々が長生きするようになったことは，社会発展の成果であることは間違いない。したがって「高齢者を社会にとっての問題」として捉える考え方は，1992 年の「高齢者のための国連原則」や 2002 年に公表された WHO の「アクティブ・エイジング：政策的枠組み」に照らしてみてもふさわしくはない。むしろ考えるべきは，多くの人々が長生きできるようになったにもかかわらず，増大する高齢者を包摂する社会にむけての既存の制度からの脱構築と新しい制度の再構築に戸惑っており，それが社会的リスク

になっているという実態そのものである。

1. アジアの人口変動と日中韓の現段階

(1) 日中韓の政策と人口転換
① 東アジアにおける人口転換の時間差

このような日本の現状は，中国や韓国にとっては近未来に生じる可能性が強い状況でもある。既に2000年には中国も韓国も高齢化社会の段階に突入し，現在高齢社会に向かって着々と急ぎ足で変化している。かつて日本が1970年代高度経済成長期以後に取り組んだ政策課題と同じような課題に，現在の中国・韓国は取り組んでいる。

「人口転換理論」という人口学の理論がある。これは，あらゆる社会が多産多死型の人口構造から次第に少産少死型人口構造に変化するという理論仮説である。だが，現在において世界にはなお多産多死型の人口構造の下であえいでいるアフリカ・南アジア・ラテンアメリカのような国や地域がある。つまり，そのような社会は未だに「人口転換理論」が適用できない状態にあるといえる。一方で，着実に少産少死型へ転換を図っているヨーロッパやアメリカや中国のような国や地域がある。まさにそうした社会は「人口転換理論」どおりの推移を示していると言うことになる。ところが日本などは，多産多死型から少産少死型への「人口転換理論」どおりの変化をすでに終えて，「第2の人口転換」といわれる少産少死型人口構造から少産多死型人口構造へ移行し始めているといわれる。現在このように，アジアの諸国・諸地域の人口変動は足並みがそろっていない状態にある。

② 日本の人口ボーナスと高度経済成長

顧みると，日本は第2次世界大戦後のベビーブームを3年間で収束させて，いちはやく人口転換に舵を切った。そして「子どもは少なく産んで大事に育てる」家族計画が普及し，生産年齢人口にとっては，年少人

口指数の低下，すなわち人口学的な育児負担が軽くなる状況が作り出されたのである。これがいわゆる「人口ボーナス」といわれる現象であり，日本はこの「人口ボーナス」を好機と捉えて高度経済成長を成し遂げたといえるのである。

だが日本が高度経済成長を成し遂げた1970年には，少産少死型人口構造は既に人口高齢化という新しい段階に達していた。通常先進国では65歳以上人口が総人口に占める割合が7％を超えると人口の高齢化段階に入るといわれるが，日本は1970年に7.1％を占めるまでになっていた。しかし当時の日本は，まだ人口高齢化による新しい社会的リスクについては認識がなく，まだ老年人口に対する財の再分配で状況を切り抜けられると考えていた。確かに老年人口指数は上昇し始めてはいたが，少子化がそれを相殺し，従属人口指数は1995年段階までは低下傾向にあったからである。子どもに振り向ける社会的コストを節減して，高齢者に向ける社会的コストにまわせばよかったからである。

③ 中国における人口論争と一人っ子政策

中国は第2次世界大戦後，さらに中国革命や朝鮮動乱の社会的混乱の時期を経て，ようやく復興に取り組み出すことになったが，馬寅初と毛沢東の有名な人口政策論争に見られるように多産多死型から少産少死型への転換が遅れた。1957年に北京大学学長であった馬寅初教授は『新人口論』を公刊して，社会主義体制下でも人口抑制策が必要なことを説いたが，国家主席の毛沢東は「人口資本説」を打ち出して，馬寅初を厳しく批判した。その結果，馬は失脚したが，1950年に5億人であった人口が1970年には8億人を超える結果になった。これにはさすがに中国も1978年に人口抑制策が必要であるという認識に基づいて，「計画出産」，具体的には「一人っ子政策」を強力に推進することになったのである。1979年には馬も名誉を回復し，その際「錯批一人，誤増三億（一人を誤って批判し，誤って三億人増えた）」と新聞で評されたという（岡室美恵子，2008，「中国の介護保障」，増田雅暢編著『世界の介護保障』，

法律文化社，175頁）。そして現在，中国は世界金融危機にもかかわらず，高度経済成長を続けており，まさに第1の「人口転換理論」による人口ボーナスを利用した経済発展をしている段階といえよう。そして，なお「一人っ子政策」は持続しているが，その結果としての人口高齢化に対する取り組みが必要な時期にさしかかっている。

④ 韓国における漢江の奇跡と少子化

韓国も朝鮮動乱の後しばらくは人口転換が図れずに，経済成長を遂げることができない状態が続いていた。朝鮮動乱後に出生数が急増した韓国は，生産年齢人口の増加を労働生産性の高い産業で吸収して発展させることができずに，多くの失業者を出していたが，1960年代に「3・3・35運動（3年ごとに子どもは3人，35歳までに）」などの人口抑制策を開始したのである。韓国の人口ボーナスは1965～70年に始まっていた。1965年から外資導入による雇用確保を促進させる政策展開がなされた結果もあって，急速に人口ボーナスを活用した経済発展を成し遂げたのである。日本からの円借款やベトナム戦争への派兵に対するアメリカ政府からの戦闘手当などがこれには大きく貢献したといわれる。こうして，1970年以後には，「漢江の奇跡」といわれる中央集権国家主導の経済復興を成し遂げることができた。1965年からベトナム戦争終結の1975年までの10年間に韓国の国民総生産は14倍になり，輸出総額は29倍に達して，急成長を遂げたのである。こうして韓国も第1の「人口転換理論」のすぐれた例を示しているといえよう。

韓国では，その後も少子化政策が進められたが，1997年の通貨・金融危機で雇用不安が起こり，晩婚化・未婚化が進んで少子化が加速した。こうして現在韓国は世界一といわれる低出産と急速な人口高齢化に見舞われている。このままでは日本と同じように「第2の人口転換」に見舞われるという危機意識を背景に，2006年には少子高齢化総合対策「セロマジプラン」をまとめ，出生率を2020年までに1.6に回復させる目標や，5年間で少子化対策に19兆ウォン（約2兆3千億円）を投入

する方針を打ち出している。

(2) 人口転換による新しい社会的リスク
① 日本における新しい社会的リスク

日本は，いよいよ1995年には老年化指数が100を超え，つまり14歳以下の子どもの数が65歳以上の老年人口の数よりも少なくなり，従属人口指数は少子化よりも高齢化の影響を受けて増加し始める段階に達した。さらに生産年齢人口の割合も絶対数も減少する段階に達して，人口全体が停滞ないし減少の兆しがみえてきた。こうなると，日本社会にとって老年人口の絶対的，相対的増加とそれを支える若い人口の不均等から生じる社会保険や税の負担問題が新しい社会的リスクとして認識されることになる。

社会保障の面では，増大する国民の医療費は日本の経済発展にとっては看過できない状態になり，まず治療の終わった高齢者が必要以上に長期入院するいわゆる「社会的入院」状態を解消するために，1999年に医療と介護を切り離す介護保険制度が導入された。これにより長期入院をできるだけなくして，病院は短期の治療に専念し，長期にわたる介護は福祉施設や老人保健施設や通所サービスや居宅サービスに委ねようとした。また健康保険制度は，仕事に就けない高齢者が増大したため，国民健康保険制度だけだとそのひずみが大きくなるために，老人保健制度が導入され，さらにそれを改正して，2006年に後期高齢者数の増大に対処するための後期高齢者医療保険制度の導入が図られたが，「後期高齢者」という名称への反発や，医療費節減策に対する医療界からの反発などを呼び起こしてしまった。さらに年金制度も，2007年「年金記録問題」が発覚し，社会保険庁の杜撰な管理運営や少子高齢化という人口フレームの変化に対応できない将来不安から，制度のほころびが顕著になっている。

② 第2の人口転換の社会的リスク

「第2の人口転換」の社会的リスクは，単に社会保障の面だけにとどまらない。高度経済成長の担い手となって長らく労働市場に大きな比重を占めていた「団塊の世代」と呼ばれる戦後ベビーブーム世代が，2007年には定年退職する60歳に達し，これでは産業技術の次世代への伝承が絶たれるリスクが生じるとして，「2007年問題」といわれた。逆に高度経済成長期に多くの働き手を巨大都市に奪われた地方では，この機に故郷への環流を促そうとする人口誘致策が盛んに講じられた。しかし高齢者の人口移動は，郊外の住宅団地から「都心回帰」や「海外ロングステイ」などその方向は必ずしも故郷やその近くへの環流いわゆる「Uターン・Jターン」だけに向かうものではなかった。また郊外の住宅団地に住み続けざるを得ずに「限界団地」などという言葉も行き交うようになっている。これは過疎地域における小規模高齢化集落が，いよいよ存続再生不能に陥り消滅の危機に瀕しているという認識から「限界集落」という言葉が盛んに使われるようになったことに影響されている。

「生涯現役」という概念は軍隊用語の現役，退役，予備役という一群の用語から一般化して造語された概念であり，一部の労働経済学者はこれを高齢者雇用の延長や定年制の廃止と結びつけて使用している。しかし社会老年学者などは，単に雇用労働に従事するだけを生涯現役と考えてはおらず，非労働市場における高齢者の社会参加活動や，たとえ要介護状態になったとしても，残っている力を使って社会に貢献できる状態であればそれを生涯現役であると評価してよいのではないかとしている。いずれにしても，生涯現役という概念がよく使われるということは，高齢だからという理由だけで差別する社会は変えなくてはならないという危機意識があるといえる。生涯にわたって学習し続け，社会参加し続けられる社会が求められているのである。

③ 中国における「豊かになる前に高齢化する」リスク

このような日本に対して中国や韓国はまだ第1の「人口転換」期にあ

る。先進諸国では65歳以上人口が総人口の7％になった時点での，1人当たりGNPは1万米ドル相当以上となっているのに対して，中国では，1人当たりGNPは800米ドル相当に過ぎず（2000年），まさに経済発展途上にありながら高齢社会に突入しているというのが社会的リスクの根本状況である。つまり第1の「人口転換理論」による人口ボーナスを利用した経済発展が，人口高齢に追いつかないのである。年金制度はまだ農民層全体には適用されておらず，健康保険や介護保険制度も整備されていないのである。中国では，高齢者向け生活・福祉事業は，政府投資により福祉施設等の建設を行い，政府系の事業機関がサービスを提供するのが一般的であったが，急速な高齢化の進展と高齢者人口の増大によって，特に都市部において福祉施設やサービス等の需要が急激に拡大しており，既存形態の施設やサービス等だけでは対応が困難な状況になっている。そこで，中国の都市部では，「生活・福祉事業の社会化（＝生活・福祉事業投資に，政府投資のほか，慈善団体や民間資金などを積極的に利用すること）」を促進する政策を実施している。医療の面で，中国政府は，社会全体で基金をプールする公的医療費再分配基金と個人医療費口座を関連づけた「都市および地方労働者の基本医療保険制度」を創設した。これによって，高齢者に多く見られる疾患，慢性疾患などに対する高額医療費を基金から支給し，退職者の個人負担率を減らすように措置している。また，農村部においても，2003年から新型の農村協力医療制度を試験的に実施している。

④ 韓国における急速な低出産の危機

韓国では，「人口転換理論」に伴う人口ボーナスを活用しながら，経済発展を成し遂げて，65歳以上人口が7％に達した2000年には1人当たりGDPが1万米ドルを超えた。しかしながら，早くも2005年には人口ボーナスを使い果たして，従属人口指数が高まる傾向を示し始めている。1966年には88.0でピークになっていた従属人口指数は，着実に減少傾向を示したが，2000年の従属人口指数は39.5でボトムを打っ

て，2005年には39.6に少し上昇したのである。日本よりも早く「第2の人口転換」に突入する可能性が高くなっている。それだけに早急に「第2の人口転換」に惹起される新しい社会的リスクに取り組まなければならないが，それに取り組む財政状況は悪くなっている。

韓国の経済発展は，戦後の復興期の当初から外資導入型で進められてきた。それは為替システムにおいても同様で，固定相場制を守り，金利を高めに誘導して，利ざやを求める外国資本の流入を促し，資本を蓄積したのである。さらに産業界も輸出需要で経済成長するというシステムを採用して，対外依存度の高い経済を前提にしていた。

ところが，アメリカが1995年以降「強いドル政策」を展開するようになると，これに連動してアジア各国の通貨が上昇した。これに伴いアジア諸国の輸出は伸び悩み，これらの国々に資本を投じていた投資家らは経済成長の持続可能性に疑問を抱くようになった。韓国も同様である。

そこに目をつけたヘッジファンドは，アジア諸国の経済状況と通貨の評価のズレに目をつけて，韓国ウォンの空売りを仕掛けた。これを買い支えられなかった韓国はついに為替の変動相場制に移行せざるを得なくなり，通貨価格は急激に下落した。こうして1997年の韓国経済はIMFの管理下に置かれ，深刻な経済危機に陥ったのである。それから再建を図った韓国であるが，2007年に世界金融危機が生じると2008年から09年にかけて再びウォンは大幅な価値下落に見舞われている。

こうした経済情勢の中で，韓国政府は高齢者に約束していた国民年金支給を，ようやく2008年から支給し始めた。また韓国は厳しい世界金融危機の中にあっても，2008年夏から日本の介護保険制度と同じような老人長期療養保険制度を発足させた。2007年には65歳以上人口が総人口の約1割に達していたからである。しかし国際的な経済危機の影響をもろに受ける外資・輸出依存の経済，親を故郷に残してソウルで就職しなければならないという一極集中型地域構造の下では，若い世代が安

心して子どもを多く育てることもできず，低出産も拍車がかかっていた。こうして合計特殊出生率（2007年 1.26）は，世界でも最下位の状態に落ち込んだ。そこで韓国では，低出産・高齢社会基本法を制定し，人口の少子高齢化に対して総合的な対策を講じるようになっている。

このように現下の日中韓の「人口転換」の状況は異なるが，共通しているのは，人口変動による社会的リスクに対して，各界各層から挑戦をしなければならないということである。中国や韓国より一足早く高齢社会に突入した日本での取り組みは，成否にかかわらず，両国に対して先駆的な模範例になるだろう。

(3) エイジングにおける自然増減と社会増減

① 人口移動による地域高齢化

地域人口の少子高齢化は，出生数と死亡数が少なくなる自然増減だけで惹起されたものではない。むしろ地域人口の場合は転出数と転入数の差である社会増減に大きく左右されることが多い。若い人口が転出超過になったり，高齢者人口が大量に転入超過になることで，地域人口は高齢化がいっそう進むのである。

日本では，高度経済成長を成し遂げた1970年が人口高齢化の段階に入った年でもあったが，まだ人口高齢化が政策課題として意識されることはなかった。むしろこの時期は人口移動に伴う地域間格差の顕在化が，とりわけ人口転出超過の農村などの「過疎化」として政策課題となり，議員立法による過疎地域対策緊急措置法（いわゆる過疎法）が制定されたのである。過疎地域は，人口の減少率と財政力指数で規定される市町村であり，この市町村の発行する地方債の7割を国が充当する（いわゆる過疎債）特別措置を講じるというものである。この過疎法は時限立法であったため，10年ごとに切り替えられて，2000年に始まった過疎地域自立促進特別措置法も2009年度一杯で4度目の法の期限を迎える。ともあれ過疎法は40年間継続されてきた。政権交代した政府はこ

の法を当面は延長し，これから本格的な論議を詰めて，今後の地域政策の方針を変える予定となっている。

この法の下で，地域人口の高齢化対策が顕在化したのは1980年の過疎地域振興特別措置法であり，それ以来「過疎高齢化」はひとつの概念として定着してきた。つまり，若い労働力人口を都市に吸収された農山漁村・離島・産炭地域などでは，残った人口が高齢化し，高齢者を担い手とする農林漁業の再構築や新しい就業機会の創出，高齢者福祉施設設置などの特別措置が必要とされてきたのである。国土の均衡ある発展を目指した国政の方針もあって，過疎地域対策は地域間格差を補塡する機能を果たしてきたが，過疎状態の地域はなくならず，むしろその範域は拡大し続けている。1990年の過疎地域活性化特別措置法からは，過疎地域の個性を生かす政策展開に力を入れるようになった。しかし，人口高齢化の勢いは阻止できず，2000年の過疎地域自立促進特別措置法を制定したが，今日の過疎地域の自治体はいわゆる「限界集落」といわれる小規模高齢化集落をたくさん抱える地域になっている。政策的な支援があったにもかかわらず，戸数19戸以下65歳以上人口50％以上の集落が，まさに無住化する限界に達していることが危機的に捉えられているのである。小規模高齢化した集落の存続再生を図るのか，「集落移転」を図るのか，それとも自然の成行きに任せるのかが行政課題として表面化している。

② 地域高齢化の都市部への蔓延と移民受け入れ策

そして高度経済成長期に地方から多くの若者を集めて発展した東京や県庁所在都市や近代産業都市でも，都市内部でこの転入人口の定住化は実現できず，周辺の郊外住宅団地へ転出させざるを得なかった。また東京や県庁所在都市などからあふれ出した人口を吸収して人口が増加した「ニュータウン」といわれた郊外都市もまた次世代を定住化させることに成功したとはいえない。そしてこのような人口移動の結果は，40年間のうちに都心部の高齢化をもたらし，郊外住宅地域でさえも，今では

高齢化している。そして高度経済成長期に故郷を離れて郊外住宅地域に居を定めた人々も定年退職を迎え，気づいてみれば周囲は高齢者ばかりの状態に置かれている。そこであらためて故郷に「Ｕターン」するか，便利さを求めて「都心回帰」するか，よりよい快適さを求めて「田舎暮らし」や「海外ロングステイ」をするか，それとも今の場所で「エイジング・イン・プレイス」を図るかという多様な選択を迫られている。

さらに，少子高齢化する日本社会の新しい事態として，社会的必要労働となった高齢者の看護の分野で，海外への門戸を開放する動きが2008年から始まっている。フィリピンやインドネシアとのEPA（二国間経済連携協定）交渉の中に「自然人の移動」についての項目が取り込まれ，これまで国内の有資格者に独占されてきた看護師や介護福祉士の分野で両国の有資格者に一定数開放するというものである。こうして現在，両国から日本に来て職場で働きながら日本の国家試験合格を目指す候補者が生まれている。このような新しい国境を越えた看護・介護労働の移動は，世界的な新しい人口移動の現象でもあり，大きな関心が寄せられている。自然増減では人口減少基調になっても，社会増で人口を補えばいいという「補充移民」の考え方は次第に政策的な関心として高まり始めている。しかし日本は移民の送り出し経験はあっても，移民の受け入れ経験が乏しく，成功もしていないので，さまざまな抵抗がある。

③ 中国における戸籍制度と人口移動対策

中国では，社会主義体制下の地域政策として基本的には人口移動を「盲流」などといって抑制する政策をとっていた。中国では，人々は生まれた場所で権利が生じるという「戸籍制度」をとっており，「農民戸籍」と「都市戸籍」は基本的には生涯個人について回るものとされた。この戸籍制度は1952年に制定され，人口の都市への集中を避けるために，原則として農村戸籍の者は農業に従事し，都市に働きに出る場合は事前に都市での労働許可証を取得しなければならなかった。ようやく1990年前後の配給制度の終焉とともに，現在のように農村戸籍を持つ

人々が都市へ移動することが比較的自由になった。けれども，農村戸籍者は働くために移り住んでいる都市での権利は制限されている。上海市の場合，上海市の都市戸籍を持つ従業員の福利厚生費として養老保険（日本でいう厚生年金保険），失業保険，医療保険の合計36.5％（住宅積立金8％を加えると44.5％）を企業は負担しなければならないが，農村戸籍者には医療保険を含めて158元/月（2005年度）を地方労働者管理費として労働局に支払うだけですむ。つまり，農村戸籍者には失業保険や養老保険制度がなく，定年退職しても年金はつかないのである。それでも，故郷で農業を営むよりは，都市で働いて生活費を稼ぐ方がよいと考える若い人口は都市に出稼ぎに出るため，そのような若い人口を送り出した内陸の農村では高齢者が残されている。

　戸籍制度は統計データを分析するときにも大きな問題となる。現在でも基本的な統計は戸籍人口の統計である。上海市のように一見若い人があふれかえっている都市も，本籍人口でみると中国でもっとも高齢化した都市になってしまうのは，他所から転入する「農民工」などを数え入れないからである。最近では，ようやく外籍人口を数え入れた統計も公表されるようになり，戸籍ではなく「居民」を根拠として各種の公的サービスを受ける権利も保障されるようになりつつあるが，まだまだその道のりは遠い。基本的に人口移動を抑制しようとする制度が，現実の動きと合わなくなっているのである。

④　中国における社区の構築

　社会主義体制下で，職場と居住地をワンセットにして，生まれてから死ぬまでの生活保障を目指した「単位」という中国の基層社会は，改革開放路線によって，職住分離を図って，企業活動の負担を軽減する方針がとられた。その結果，「社区」という居住地における新しい組織が登場し，これが住民生活保障の基層となった。高齢者に対する福祉もまた基本的には社区の機能と位置づけられ，「社区服務」といわれるさまざまな地域福祉活動が試みられている。しかしこの職住分離は，居住する

地域から働く地域への通勤という新しい移動コストを生み出し，働く人々が昼間は居住地にいないので高齢者だけが取り残される事態も生じる。

中国における高齢者福祉施設は，基本的には「三無老人」といわれる貧困で，身寄りもなく働くこともできない高齢者を対象とした入居施設（日本でいえば養護老人ホーム）を基本としていた。しかし，次第にこのような施設は，ある程度の収入があって家族がいても，「空巣家族（子育てが終わって子どもが去った後の老夫婦家族や独居老人）」状態に陥っている高齢者を受け入れるようになっている。さらに高収入の人々のためには「老年公寓（日本でいう有料老人ホーム）」なども盛んに建設されるようになっている。こうした施設の建設は，新しい高齢者の人口移動を喚起しており，中国各地のみならず，海外移民の帰国者なども入所する傾向がみられる。

このように，中国にとって，少子高齢化と人口移動の問題は複雑に絡み合っており，少子高齢化社会にふさわしい諸権利の発生根拠として，戸籍制度から居民制度に移行させる可能性が非常に大きな宿題になっている。

⑤ 韓国におけるソウル一極集中

韓国の人口移動の特徴は「首都圏への集中現象」である。1949年のソウルには全人口の7.2％が住んでいたが，1960年に9.8％，70年に17.6％，80年に22.3％，90年には24.4％とピークに達した。その後は，首都圏内の新都市開発の影響でソウルの人口割合は下落しつつあるが，ソウル市と仁川市，京畿道を合わせた首都圏の人口割合は毎年増加しつつある。例外的に首都圏の転出人口が転入人口を上回ったのは，98年のアジア通貨危機で苦境に立たされた企業の大量解雇で人口が首都圏から離れる現象が現れた時である。

過度の都市化はさまざまな都市問題を引き起こすので，韓国政府は首都圏への集中を防ぐ政策を持続的に推進してきたが，成功してはいな

い。今日でも基本的には首都圏内への転入超過であるが，首都圏内ではソウルから周辺部への転出超過という傾向が 1990 年代から続いている。またこのような人口移動の結果，旧正月などの時期には，民族大移動といわれる首都圏から地方への帰省ラッシュが生じている。韓国は比較的狭い国土（日本の 25.9％）であるために，一極集中的に首都圏に住む若い世代が，故郷に残した老親の世話のために週末帰省することは多く，日本の過疎法のような地域間格差是正策は考えていないようである。

韓国も戸籍制度は持っていたが，2008 年には廃止され，家族関係登録制度に変えられている。国民としての諸権利発生の根拠となる，住民登録法は 1962 年に導入された。当初は，希望者のみの登録を行っていたが，1968 年にはスパイ識別などを目的とした住民登録証の発給が制度化されることとなった。1970 年の改正で公務員の要求があった場合等に住民登録証を提示する義務規定が課せられるようになり，1980 年の改正で民間部門にまで拡大されると共に，住民登録証の所持義務も規定された。これらにより，住民登録証は本格的に身分証明書としての役割をもつことになった。その後 1997 年に改正された住民登録法は，電子住民カードの導入を図っている。しかしこの実現にはさまざまな課題が残されている。ともあれ韓国は日本や中国にさきがけて，欧米的な身分証明書方式に舵を切ったといえる。しかし高齢者の扶養についての子どもの義務という意識が変わったわけではない。

⑥　韓国における外国からの人口移動

朝鮮民族は，いろいろな歴史的背景の下で世界各地に広がっており，そうした地域から韓国に移住する傾向がみられる。農村における男性の配偶者難を補うため（韓国統計庁「2006 年婚姻統計」は，2006 年に結婚した農林・漁業に従事する男性 8,569 人のうち 41％ 3,525 人が外国人女性と結婚したとしている），あるいは都市産業を支える労働者（2004 年雇用許可制）として，中国の東北地方からの移住者や北朝鮮からのいわゆる

「脱北者」などを含む多数の外国人が移住している。そして 2007 年「在韓外国人処遇基本法」が制定されている。そして近年では，韓国男性の配偶者としてベトナムからの女性移住者が増えている。こうした現象と老親扶養との関係は定かではない。

(4) 日中韓の人口変動における共通性と差異性

日中韓 3 ヵ国はアジアの中でも経済的な発展を遂げたあるいは遂げつつある国として注目されているが，そこには共通する特徴と差異がみられる。

まず共通するのは，「人口転換理論」を実現するべく，少子化によって人口ボーナスを生み出し，子どもを養育する負担を軽減して経済成長に都合のよい人口構造に急速に変化させたことである。また，経済成長の拠点として都市産業に力を入れたために地域間で少子高齢化の格差が生じたことである。さらに伝統的に大事にしてきた家族関係の世代間持続性が個人主義的な世帯分離を加速化させていることである。地域社会も職住分離によって，日常的な人口移動を抱える状態になったことである。

違いがあるのは，日本はすでに第 2 の「人口転換」期に入っていることである。そのために日本で整備されたり，政策課題として取り組まなければならない課題が，まだ中国や韓国では将来的な課題として残されている点である。また中国では戸籍制度がなお強固に機能しており，統計的には大都市の人口が高齢化している点が日本や韓国とは異なっている。また中国や韓国が首都圏一極集中的な地域構造に対して，有効な政策的介入ができずにいるのに比べて，日本は過疎法によって地域間格差是正や農村高齢化に向けての施策展開をして，ある程度は地域の激変緩和を果たしてきた点は違っている。その他にも労働力対策と社会保障対策などでは，背景となる経済状態の違いが表面化しているといえる。しかしながら，これらの差異はこれからの経済統合や統合しないまでも国

際的な諸交流が進むにしたがって調整されていくだろう。

2. 日中韓の経済発展と少子高齢化

(1) 人口ボーナスとアジアの奇跡
① 東アジアにおける龍の台頭

1997年に北京で開催されたある国際会議の場で，面白いたとえが話された。「戦後間もなくアジアでは1匹の龍（日本）が立ち上がり，その勢いの強さは世界を驚愕させた。間もなくそれを追うようにして4匹の小さな龍（韓国，台湾，香港，シンガポール）が首をもたげたので，人々はこれらを評して『アジアの奇跡』と呼んだ。そして今や2匹の大きな龍（中国，インド）が目覚めた」。まさにアジアにおけるめざましい経済発展を言いえている。この中でインドは少し経済発展の背景が異なるが，日本と4匹の小龍と1匹の大きな龍（中国）は，いずれも人口ボーナスを作り出して経済発展するという「人口転換理論」に基づいた経済台頭を果たしたといえる。

② 東アジアにおける人口政策の共通課題

だが，すでに日本は「人口ボーナス」を使いはたして，むしろ「人口オーナス」といわれる少子高齢社会の中で従属人口指数が高くなる傾向に直面して，あらゆる面での新しい社会的リスク管理にむけて取り組まざるをえなくなっている。日本を後追いした韓国は，アジア通貨危機と世界金融危機によって大打撃を受けながら，急速に人口ボーナスを使い切った後の社会システムの再構築を図っている。中国は，アジア通貨危機や世界金融危機に際しては，表面上大打撃を受けてはいないようにみえるが，急速な「人口転換」による人口ボーナスの利用による経済発展が，あまりにも大きい人口規模のために富の分配が追いつかない状況にあり，「高齢化に追いつかない経済発展」という新しい社会的リスクが指摘されている。

そこで, 日中韓は, 第1に人口政策をめぐって共通の政策課題を抱え込んでいるといえる。日本ではそれを少子化対策と呼び, 韓国はそれを低出産対策と呼んで, 総合的な政策展開を図っている。中国の人口政策はなお計画出産という「一人っ子政策」を持続させているが, 次第に高齢化対策を講じるうえでも, 調整や見直しを図る段階に入っている。

③ 東アジアにおける開発主義的傾向

第2に, たとえ従属人口指数が上昇しても, その上昇率よりも高い労働生産性を達成することができれば, 今まで以上に従属人口を支えられることになるので, 労働生産性の高い分野に集中的に労働力を投入する対策が重要になる。日本ではそのような産業分野としてコンテンツ産業, バイオテクノロジーやナノテクノロジーやロボット工学, 環境技術などへの関心が高いが, 少子高齢化関連分野に対しても注目され始めている。韓国ではいち早くブロードバンド化を図り情報産業で次世代を開発しようとしており, それ以外にコンテンツ産業や韓流文化産業などでも展開が早く, 成長分野を模索中である。中国ではこれまで低廉な労働力で輸出品目を生産するという「世界の工場」を目指してきたが, こうした外需依存体制が大きなリスクを伴うことがわかり, 次第に内需拡大策へ歩行を転換し始めている。次第に「世界の消費市場」と変貌しつつある中国は, 労働生産性の高い分野として世界的な金融分野や鉱物資源などの開発への投資と輸入といった分野に力を入れ始めている。

④ 東アジアにおける高齢者福祉の代替プログラム模索

第3に, 従属人口として数えられる子どもや高齢者の経済的扶養負担を減らすためには, 1人当たりの扶養負担を削減することも考えられる。そのためには子どもや高齢者に対するサービス・コストの評価研究を徹底的に行い, 代替サービスプログラムに変えることが必要になる。たとえば, 健康を損ねて治療に金をかけるよりは, 健康を損ねないように予防に金をかける方が効果的である。要介護になった後のコストを考えれば, ある程度費用をかけても介護予防に力を入れる方が効果的であ

る。このような代替プログラムを講じる工夫があらゆる分野で追求されることになるだろう。日本では，「介護予防」や「健康日本 21」というプログラムが実行されている。また「高年齢者継続雇用」や「定年延長」や「定年廃止」などといった高齢者就業機会の創出が図られている。韓国でも，タバコ税を用いた「健康増進」プログラムなど予防的観点のプログラムに力が入れられており，「老人人力開発」プログラムも発足している。中国では，さまざまな社会保障制度の実施時期を遅らせながら，こうしたコストの軽減を図っているようである。それは，できる限り市場経済化しないですむ分野はインフォーマルな家族内，近隣内での社会的支援にゆだねておくという「家庭養老」や「社区服務」などのプログラムに力を入れることを意味している。

⑤ 東アジアにおけるアクティブ・エイジングの可能性

だが，いずれにしても人口変動に対応した社会制度の改革は待ったなしで迫ってくる。この少子高齢化に対する政府の政策的取り組み，企業の市場戦略，それに人々のインフォーマルな互恵活動があいまってはじめて社会的リスクに対する安全策は完成するのである。おそらく今後，WHO が提唱した「アクティブ・エイジング」という政策枠組みは，いっそう重要性を増すと考えられる。なぜならば，既存の政策パラダイムでは，高齢者はそのまま従属人口に組み入れられ，各種サービスの受け手としか位置づけられてこなかったからである。今や高齢者は決して各種サービスの受け手という受け身の存在であるだけではなく，積極的な社会への貢献者として活動しうる力量を備えている。社会制度の側がその力量を活かすことに失敗しているとさえ言える。もし高齢者の力量や未開発の労働力を活かせる社会に転換することができたならば，事態は根本的に変わるだろう。「アクティブ・エイジング」という政策フレームはそうした意義がある。

(2) 少子高齢社会の産業経済戦略

① 日本のシルバー産業

　日本の産業界では，人口の少子高齢化という趨勢を見越して，1987年にはシルバーサービス振興会が設立され，民間企業から高齢者介護サービスなどへの参入が始まった。この組織は，「シルバーサービス」の健全な育成を図ろうとする民間企業・団体が集まり，個々の企業，業界での対応を超えて，情報交換をはじめサービスの質的向上を図り，さらには行政や利用者とのパイプ役を果たす業種横断的な組織であり，当時の厚生省（現在の厚生労働省）が管轄する団体である。ここでいう「シルバーサービス」とは和製英語で，高齢者に対する福祉サービスから健康・生きがい関連の多様なサービスを意味している。シルバーとは，高齢者の銀髪にちなんで使われるようになった比喩である。

　また同じような和製英語で，シルバービジネス，シルバーマーケット，シルバー産業などという概念が1980年代後半以降盛んに使われるようになっている。いずれも高齢者を訴求対象とするビジネスの機会を模索する動向である。日本では社会保障制度の成熟で，高齢者が消費力のある市場を形成するようになったとして，この消費力を住宅，旅行，衣類，機器類，金融商品などあらゆる商品開発に結びつけようとする産業界の取り組みである。「小さな政府」を目指す日本政府は，「民間活力導入（民活）」という方針を掲げて，規制緩和や「官設民営」の委託業務を拡大してきたので，介護保険導入時においても，多様な業態の事業者の参入機会を作り出した。こうして既存の「社会福祉法人」以外にも，「株式会社」，「有限会社」など民間営利企業や「特定非営利活動法人」，「組合法人」，「医療法人」など民間非営利部門からの参入はあったが，なお福祉サービスの分野は「疑似市場」にとどまっている。

② 中国の老齢事業

　中国は，2006年「中国老齢事業発展計画」を発表し，民生部は，この高齢者事業の目標を達成するために，高齢者に対するさまざまな福祉

施設の建設や,サービスの充実を図る「星光計画」を実施している。この財源としては福祉宝くじを発行している。また同年に中国国務院弁公庁が関連部門に対して「老人介護サービス業の育成を加速させるための意見」を通知し,「国はさまざまな手段により高齢者向けサービス業の創業を積極的に支持するとともに,社会資本が独資・合資・合弁・共同経営・株式参加などの各種方式で高齢者サービス業を創業し,居住,生活,学習,娯楽,健康対策などの機能を兼ね備えた高齢者向けアパートや老人ホームを設立することを奨励する」,「社会資本が高齢者を対象とした生活補助,家事代行,心理相談,リハビリ,救急等のサービス創業にも投資され,在宅高齢者にさまざまなサービスが提供されるよう奨励する」ことを表明した。これらの介護関連ビジネス以外にも医薬や生命保険,観光,レジャー等を含めたシニアビジネス全体の市場規模は「全国老齢工作委員会」によると2010年に1兆4,000億元（約21兆円）に達するとされている。健康産業,観光産業,資産運用商品,衣料品などに加えて介護事業もひとつの分野であるが,問題は「養老護理員」と呼ばれる国家職業標準に合致した人材の確保難である。上海市などはこうした国家職業標準を緩和した独自の「護工」と呼ばれる資格を与えている。これには初級・中級・高級があり,上海市衛生局と上海市老年学会が主催する養成コースのトレーニング修了者に与えられている。

③ 韓国の高齢親和産業

韓国では,「高齢親和産業」というのがシルバー産業と同じような分野を指している。2005年に大統領所属の諮問機関「高齢化及び未来社会委員会」が提起した概念であり,2002年ですでに6兆3820億ウォンの市場規模になっていると評価されている。それは,介護産業,医療機器産業,情報産業,余暇産業,金融産業,住宅産業,漢方産業,農業の8分野に及ぶと分類されている。その中に在宅介護サービスをはじめとして漢方医療機器や老人用コンテンツやリバースモーゲージや漢方保健観光や定年退職者向け農場など19の戦略品目が挙げられており,内需

拡大と雇用創出に大きく貢献すると予想している。そして，これらを三大方向（国際競争力の確保，市場魅力度の向上，公共性の向上），五大政策目標（財政リスクの減少，低成長リスクの減少，健康リスクの減少，財務リスクの減少，生活リスクの減少），四大戦略（選択と集中，段階的な推進，関連法の制定・改定，政府を挙げて推進体を構成）で進めようとしている。2008年から10年までを開花期として韓国の戦後ベビーブーム世代の退職期に合わせて成熟させ，高齢社会に突入する2018年までに間に合わせようという工程表も発表している。さらにこれに即して産業資源部は五大戦略（インフラ整備，コア技術開発，クラスター構築，規制緩和，支援センター設置と体験サービス実施）を推進して，2010年以後は海外への輸出段階に入ろうという展望を発表している。その五大戦略は十大政策課題（認知の拡大及び流通の活性化，標準化の拡大，製品サービス認証制度の導入，専門人材の養成，短期商用化技術の開発，中長期コア技術の開発，シルバー産業クラスターの推進，遠隔診療などに対する規制の緩和，シルバー用品産業化支援センターの設置，総合生活体験サービスの実施）に予算を付けている。そして2005年高齢親和産業振興法が制定されている。

④ 新しいビジネス・チャンスと連携の可能性

このように，少子高齢化は日中韓の産業界にとっても新しいビジネス・チャンスであり，国としてもそれを推進するため政策を展開する段階に達しているといえるだろう。韓国の高齢親和産業が明確に意図しているように，それはただ単に国内的なマーケティングにとどまらず，国際的な市場を想定している。したがって，さまざまな課題は今後国際的な標準化や調整の段階に入ると考えられる。すでにアメリカに拠点を持つ世界最大の民間非営利組織 AARP は，国際的な進出戦略を展開し始めており，こうした国際的な場におけるシルバー産業のインフラ整備は，人材の確保ともかかわって，これからの大きな課題になりつつある。日中韓のこの面での新しい挑戦は，単にお互いの競争という関係だ

けではなく，協働という新しい関係性の構築を伴うものになりそうである。

第 2 章

立ち遅れた所得保障と急速な高齢化の影響
—— 韓国の経験と課題 ——

朴　光駿

はじめに

　高齢化が社会にもたらす影響は，高齢化のスピードや規模，少子化のレベルなどの特徴によって異なるが，当該社会の経済発展の水準や高齢者のための福祉サービスや所得保障プログラムの整備状況によっても異なる。筆者は韓国の高齢化の重要な特徴の一つが，所得保障制度の立ち遅れの中で高齢化が急速に進行していることであるとみている。それゆえ韓国では高齢化の進行に伴って高齢者の貧困問題が深刻化している。

　長い間，韓国の社会福祉政策の中では高齢者が「家族によって扶養される被扶養者」として位置づけられていた。高齢者を対象とした独立した福祉制度を設計するよりは，高齢者を扶養する家族に間接的支援をし，退職金制度等を企業に規制するような政策を実施してきたのであり，ここにこそ韓国の福祉レジームの特徴があらわれている。そうした政策は所得保障制度の不備の中でとられた苦肉の策ともいえるが，またそれが公的所得保障プログラムの発展を遅らせた要因でもある。

　しかし，現在韓国において高齢者の安定した老後生活を脅かしているのは，福祉制度的な要因だけでなく，社会文化的な要因もあるということに注意しなければならない。本章においては，まず，韓国における高齢者所得保障と福祉サービスの立ち遅れの背景を言及し，韓国の福祉政策において高齢者が被扶養者として想定されていたことを健康保険制度

などの事例で検討し，そうした特徴が2008年からスタートした老人療養保険制度にも引き継がれているということを明らかにする。また，老後生活に関連して東アジアに共通する新しいリスクとして文化的要因が高齢者の老後生活を脅かしていることも指摘する。最後に，少子高齢化に対処する政府政策を紹介し，その課題を提示する。

1. 韓国における高齢者所得保障の発展

(1) 立ち遅れた高齢者福祉政策

1945年以降1960年代初めまで，韓国の国家体制はアメリカに大きく依存する状況におかれていた。1953年から1959年の間に韓国経済は平均4％の成長率を記録し，特にこの期間中における重工業と軽工業の成長率は年間平均20％もあり，これは国連がこの時期に入手した先進国と開発途上国36ヵ国の中で最も高い成長率であった。しかし，1960年の国民所得は80ドル水準にとどまっていた。

1961年朴正熙軍事政権が誕生したその年の韓国政府予算をみると，その52％がアメリカの援助によるもので，財政状況からみても，人的資源の状況からみても，社会保障を体系的に実施していくような能力を欠いていた。したがって，韓国において社会保障の導入がきわめて遅れていたことも決して不自然なことではない。アフリカを除く世界の77ヵ国を対象とした，1934年から1960年までの社会保険制度の実施状況の調査（Cutright, 1965）によると，同期間中，社会保険制度をまったく実施していない国は，韓国をはじめ，ラオス，モンゴル，ネパール，イエメンの5ヵ国だけであった（朴光駿，2008）。

1962年から始まる経済計画5ヵ年計画によって，韓国の産業化は輸出主導型で行われたが，その結果1960～1971年の間に韓国の輸出は約33倍，輸入は約7倍増加した。これによって本格的な高度成長の時代を迎えるようになる。1970年代半ば以降は重化学工業，資本集約的輸出産

業中心の発展があった。この時期になって，社会保険制度としての国民年金制度の法制化（1973年）と実施が推し進められた。

国民年金制度の導入背景には何よりも経済開発の必要性があった。1962年から一連の経済開発5ヵ年計画が始まるが，重化学工業の開発のためには莫大な資金が必要になる。年金制度を導入すれば巨額の積立金を経済開発のために活用できるという思惑があったのである。

しかし，1973年に第1次オイルショックがあったこと，保険料など年金保険運用にかかわる技術的問題などによって，公的年金制度の施行は延期された。その後，1981年第5次経済社会発展5ヵ年計画の策定の際に年金実施の論議が再開され，1984年には大統領令に基づいて国民福祉年金実施準備委員会が構成された。1986年社会民主化に対する国民的要求が高まる中，当時の全大統領は国民年金制度実施を約束し，1988年1月1日から実施されるようになった。

社会福祉サービス分野も立ち遅れていた。1990年代までに福祉サービスの対象者はほぼ低所得者に限定されていた。たとえば，高齢者福祉サービスをみると，高齢者福祉施設は高齢者居住施設（「養老院」と呼ばれていた）がその主流であったが，その施設入所者の大半は公的扶助対象者であった。いわゆる「扶助とサービスの分離」が行われていない状況であったのである。

老人福祉法が成立したのは1981年のことであるが，高齢者のためのホームヘルパー事業が初めて実施されたのは1987年のことであり，しかもその対象者は低所得者に限定されていた。デイケアやショートステイなどの事業を行う在宅福祉施設の法的な根拠が設けられたのは1997年の老人福祉法改正によるものである（朴光駿，2004a）。

(2) 社会福祉の拡大と生産的福祉

経済成長優先主義の成果が出始めた1980年代以降，バランスのとれた経済発展と社会発展に対する国民の要求も高まり，形式上では「経済

開発計画」という名称を「経済社会発展計画」へと変えるなどの変化もあったが、実質的な側面において福祉の拡充はみられなかった。福祉体制の不備、福祉社会づくりへの努力を怠ってきたことが社会に深刻な弊害をもたらすということを自覚し、1990年代以降社会福祉の拡充を目指す政策転換が2回行われた。

第1の政策転換は、1997年の経済危機がもたらしたもので、金融危機によって韓国政府がIMFの救済金融に依存するようになったことである。経済危機が福祉拡大のきっかけになったことには2つの背景があった。1つは、金融危機は国民生活に甚大な影響を与えたが、それほど打撃が大きかったのは社会的リスクから国民生活を守るためのセーフティネットが整備されていなかったからである。経済危機によって失業と貧困、ジニ係数などは劇的に悪化した。1996年と1998年の状況を主要指標で比較してみると、失業率（ILO基準）は2％から6.8％になり、1人当たりGDPは9,511ドル（1997年）から6,427ドルまで低下し、貧困率は3.1％から10.9％までに急増した。所得分配構造も悪化し、犯罪率・学校中退率・離婚率は増加した（Park K. J. *et al,* 2001：5-6）。1998年以降、金大中政府は「生産的福祉」とよばれる一連の社会保障プログラムの実施・改善・拡充を行うことになった。公的扶助制度においては従来の生活保護制度が国民基礎生活保障制度にとって代わり、補充給付制が導入され、受給の権利性が強化された。国民年金制度は1999年に適用範囲を拡大し（5人未満雇用の被用者、臨時・日雇労働者、零細自営業者など900万人）、皆年金を実現した。医療保険制度においては、一般労働者、農漁民等、公務員および私立学校教職員をそれぞれの対象とする3つの管理運営主体を完全統合し、給付面の改善も行われた。雇用保険の対象も全事業所まで拡大した（1998年10月）。雇用の安定と創出、失業者の生活安定と再就職のために、労使政の代表の協調体制（労使政委員会）の運用という重要な試みもなされた。

もう1つの背景として注目しなければならないのは、国際金融機関が

救済金融を提供する条件の1つとして，基本的セーフティネットづくりを韓国政府に要求したことである。1998年韓国政府は世界銀行（World Bank）との第2次構造調整借款（SAL Ⅱ：Structural Adjustment Loan Ⅱ）協定を妥結したが，その政策意向書（Letters of Development Policy：LDP）と政策合意事項（Policy Matrix）の内容をみると，セーフティネット分野がかなり大きい比重を占めていて，雇用保険の拡大，公的扶助の対象者の拡大，自活保護者に対する所得支援拡大，貧困老人に対する無拠出老齢年金，医療供給者側の改革を含む医療費抑制策の導入などが制度改革合意項目に含まれている。これは明らかに福祉拡大への要求であった[1]。この側面を重視する研究者は，金大中政府の生産的福祉政策は「IMFなどの強力な要求に対する反応」（たとえば申光榮，2002）であるともいっている。

以上の2つのことを背景にして現れた生産的福祉は，韓国の社会福祉史上大きな転換点になったことは事実であるが，しかし，福祉拡充の焦点は社会保障プログラムに集中し，それによって福祉分野の中でも脆弱な分野であった「社会福祉サービス」部門の改善はほとんどみられなかったのも事実である。

---

1) IMFや世界銀行などの国際金融機関は新自由主義の尖兵と呼ばれていて，その新自由主義政策は明らかに福祉削減の傾向を示す。その点を考慮すると，国際金融機関が韓国政府にセーフティネットの拡充を要求したということが不自然なことと思われるかもしれない。しかし，新自由主義政策の内容とその方向性については，国家の福祉発展水準によって全く異なる意味をもつ場合があることを認識しなければならない。つまり，新自由主義政策の内容は，ケインズ主義福祉国家を目指した政策を実行し，その目標に到達した国家——たとえば，イギリス——にとっての意味と，韓国のように福祉国家の前段階にある国家にとっての意味は同じものではないということである。福祉先進国で行われた新自由主義政策の根底には「福祉支出がある適切な支出水準を超えている」という認識があったはずである。しかし，韓国の場合はどうなのか。1997年の時点で韓国の福祉支出のレベルは，新自由主義政策が暗黙的に想定する適切な支出水準に達していなかったというのが筆者の判断である。当時の国際金融機関の判断は，韓国において本格的な新自由主義政策を実施していくためには，その条件としてセーフティネットの整備が必要であり，そのための福祉支出はやむを得ないということであったと思われる。

(3) 立ち遅れた福祉の説明

1990年代以降社会福祉が拡大されてきてはいるとはいえ,現在においても韓国の社会福祉の水準はある望ましい水準に達したとはいえない状況にある。OECDの統計によると韓国の公的社会支出の対GDP比は7.5％(2004年)であり,これはOECD加盟国平均の約1/3の水準である。韓国の高齢化率が低い水準にあること,年金制度が未成熟で,GDPに占める年金支出の割合が非常に低いという事情を考慮してもそうである。とくに社会福祉サービスの分野は大きな課題を抱えている。

1980年代以降,社会福祉の拡大に必要な経済的能力がある程度確保されたにもかかわらず,社会福祉(広義)が立ち遅れた理由については,韓国国内でも権威主義政治,南北分断体制,社会文化など,さまざまな説明がなされている。その説明は表2-1にまとめられている。

一方,韓国を含む東アジアの福祉レジームについてはヨーロッパの研究者からの関心も高くなっており,関連研究も少なからず出ている。東アジアといってもそれぞれの研究には対象としている国家・地域の範囲の相異があり一概には言えないが,多様性に富んでいるこの地域の福祉システムに一種の共通点が存在しているという想定に基づいた研究は確かに限界がある。それは東アジアの個別国家の特殊性を無視し,この地域全体の福祉に西洋社会とは異なる形の社会福祉が存在しているという考え方であり「福祉オリエンタリズム」に他ならないという批判もある(たとえば,武川,2005)[2]。ただ,その大半の研究において韓国はその対象国に含まれているので,東アジアの福祉レジーム論は社会福祉における韓国の立ち遅れの理由を理解することにも役立つことと思われる。

---

2) 東アジアの福祉システムが一定の共通的特徴を持っているという考え方を福祉オリエンタリズムと表現することは,この地域の社会福祉が単に西洋社会とは異なるものであるということだけでなく,西欧社会の福祉に比べて遅れている形,もしくはより望ましくない形の社会福祉であるという考え方がその根底にあるということを意味するものである。

表 2-1 韓国社会福祉の立ち遅れに対する説明

主要要因	説　明　内　容
権威主義政治の影響	産業化による社会問題解決のための利益集団の活動を権威主義的政治体制が抑圧した結果
南北分断・冷戦体制	実質的内容よりは形式が優先する不実な福祉制度になったこと，国防費負担と労働運動の脱政治化
労働政治の性格	国家が資本と労働より優位に立ち，福祉問題を市場と個人に転嫁し，その結果が福祉と権利の不在状況であったこと
合理的選択の過程	国家福祉の拡大がもたらす便益よりはそのコストが大きいという政策決定者の判断の結果
社会文化の影響	産業化の進展にもかかわらず，根強く存続する血縁・地縁・学縁などの非公式集団の福祉機能

出所：韓国国内の関連研究を筆者がまとめて作成。

　東アジアの福祉レジームの特性を表す言葉としては，儒教的福祉国家 (confucian welfare state)，生産主義的福祉資本主義 (productivist welfare capitalism)，開発主義的福祉システム (developmental welfare system) 等がある。その特徴はしばしば「中国的なもの (Chineseness)」ともいわれるが，以上の用語に含まれる共通的要素は，家族責任主義，経済発展優先主義，福祉主義の回避，福祉給付の提供よりは規制 (regulation) 中心主義などといってよいのであろう。

　一国の福祉システムの特徴は，福祉供給者としての「家族・市場・国家」の福祉ミックスによって決まる。また，その福祉ミックスは社会の支配イデオロギー，階級構造，制度的・文化的遺産の交互作用の結果として形成されたものである。確かに，韓国は家族や市場中心の福祉サービス体制を目指してきていて，その傾向はいまでも続いているのである。ただ，家族責任優先主義が国家福祉の立ち遅れの結果物なのか，家族責任優先主義の文化が国家福祉の発展を遅らせたのかについては論議

の余地を残している。

2.「家族の被扶養者」として位置づけられた高齢者

(1)「被扶養者」としての高齢者

　扶養とは「生活能力のない人の面倒をみること」を意味し，被扶養者とは扶養される人のことである。家族の中で被扶養者とは扶養義務者からの扶養を受けずには独立した生活のできない者であるが，長い間韓国において高齢者は被扶養者として想定されてきた。

　韓国における高齢者福祉政策の基調は家族扶養責任の原則であった。高齢者を独立した存在と認め，高齢者のための独立した福祉制度を設計するのではなく，高齢者に対して支援を行う家族や企業に優遇を提供する方式の政策をとっていたのである。高齢者と同居する家族にはさまざまな間接的支援が行われ，高齢者との同居がすなわち高齢者扶養とみなされていた。こうした傾向は家族によって扶養される高齢者の生活の質がいかなるものなのかという社会的関心を遠のける結果をもたらしたと思われる。

　高齢者の間接的支援は，まず規制的アプローチによって行われた。老後の生活保障における中核の制度である年金制度の発展は遅れていたが，その間韓国政府は企業をして退職金制度の実施を強制し，その退職金制度をもって高齢者の老後生活保障策としたのである。規制的福祉国家（regulatory welfare state）の一特徴ともいえるのである。

　退職金制度は1963年に制定された勤労基準法に基づいて法廷制度として実施されるようになったが，1988年には5人以上の労働者を雇用する事業所までに拡大され，国民年金制度実施以降も存続されている。退職金は継続労働年数1年につき30日分（8.3％）以上の平均賃金を退職者に支給するように規定している。これは高齢者の老後生活保障において大きな役割を果たした。

高齢者を扶養する家族に対する間接的支援は財政的支援の方法だけでなく非財政的支援によっても行われた。財政的支援というのは租税支援（tax expenditure）と呼ばれているものであり，高齢者を扶養する家族に対してさまざまな税制上の優遇を提供し，財政支援を間接的に行うものである。一方，高齢者を扶養する家族に対してはさまざまな非財政的支援が行われてきた。まず，住宅購入時の優遇である。親を3年以上扶養した場合，85㎡以下の住宅供給の10％範囲内において公共住宅の購買優先権が与えられる。低所得者の場合，住宅供給に関する規則に基づいて賃貸住宅が優先的に供給されることになっている。

　高齢者の扶養者が公務員の場合，人事制度においてもかなりの優遇が行われる。たとえば，親の扶養（夫婦の共同生活なども含む）を希望する者には人事異動の際，勤務先の希望を優先的に考慮することになっている（公務員法，公務員任用令など）。

(2) 社会保障設計における被扶養者

　福祉が遅れている国家にしばしばみられる現象であるが，ある特定のニーズに対処するための社会的資源が不足する時，あるいは資源の確保が困難な時，限定された社会的資源で多様な福祉ニーズに対処するためにさまざまな便法が使われる。韓国の健康保険制度においては，高齢者のための別途の制度を設けず，高齢者を被扶養者として制度に適用してきた。

　健康保険法の規定によると，被扶養者とは「職場加入者と所定の身分関係を持っていて，その加入者によって主に生計を維持している者で，報酬あるいは所得のない者」（健康保険法第5条第2項）とされている。具体的にみると，①職場加入者の配偶者，②職場加入者およびその配偶者の直系尊属（父母，祖父母など），③職場加入者およびその配偶者の直系卑属（子女，孫など）とその配偶者，④職場加入者の兄弟・姉妹，などが被扶養者となっている。

韓国の健康保険制度は1977年に始まったが，被扶養者の範囲をできる限り広くとらえる政策をとっていた。1982年に被扶養者の範囲に関する規定を設けたが，高齢者に対しては同居していない場合でも保険加入者（職場加入者）の被扶養者として認め，同制度の対象者としていた。1985年には義理の父母も被扶養者の範囲に含め，1995年からは生計能力のない親・姻戚も被扶養者として認められるようになり，里親，生み親（加入者の実際の親。父母が再婚などの場合），義理の祖父母，三等親以内の親戚（父親の兄弟，母親の兄弟）までもが被扶養者として規定された（保健福祉部，「被扶養者認定基準」，各年度）。

もし，政府が高齢者を独立した存在とみなし，地域の高齢者のための健康保険制度を別途設計したとしたら，かなりの財政負担を負わなければならない。その代わりに，政府は高齢者を健康保険加入者の被扶養者として位置づけることによってその財政負担を避けることができた。しかし，その財政負担は健康保険料を負担する保険加入者とその雇用主の企業が代わりに負わなければならないのである。つまり，政府は労働者と企業の負担で高齢者を健康保険の対象者として適用したのである。こうした政策が実施できたのは当時権威主義的性格の政府があったからである。

2000年以降被扶養者の基準は縮小される傾向にあるが，現在においても大半の高齢者が健康保険制度の被扶養者になっている。2006年現在，韓国の健康保険制度において加入者1人当たり被扶養者数は1.75人である。これは日本1.09人，ドイツ0.37～0.72人，フランス0.56人，台湾0.72人（保健福祉部，2006）と比べると非常に高い数字である。

一方，公的扶助制度の国民基礎生活保障制度においては，韓国政府は扶養義務者の範囲を縮小する改革を行っている。これは，公的扶助制度の対象者を広く認めることを意味する。長い間，扶養義務者規定は公的扶助対象者の選定において抑制的要素として存在してきた。1961年生

活保護法には扶養義務者に関する規定がなかったが，1982年の改正で民法上の扶養義務者規定を準用するようになった。しかし，1997年改正では，民法の扶養義務者の範囲を限定し，「直系血族およびその配偶者，生計を共にする2等親以内の血族」と規定され，それは1999年の国民基礎生活保障制度においても引き継がれていた。さらに2004年の改正では「1等親の直系血族およびその配偶者，生計を共にする2等親以内の血族」と規定され，2005年改正では扶養義務者の範囲が「1等親の直系血族およびその配偶者」と限定された。たとえば，祖父母と同居している子どもの場合も公的扶助の対象者になれるようになった。扶養義務者に関しては国民生活保障法の規定は民法の規定に優先して適用される。これは国家の公的責任の拡大を意味するもので評価に値するものである。

3. 少子高齢化の進行と高齢者問題

(1) 高齢化の進行とその特徴

韓国の高齢化は極めて速いスピードで進んでいて，その背景には急激な出生率の低下が指摘されている。こうした特長は東アジア共通のものでもある。

高齢者の平均寿命は1971年の62.3歳から2008年には79.1歳と，16.8歳も高くなっている。2000年高齢化率は7％を超えたが，2018年には14.3％，2026年には20.8％に達し，本格的な超高齢社会に進入することになる。高齢化の進展に伴い高齢者1人当たり生産可能人口も急速に減っていることも予測されている。とりわけ強調しておきたいのは，高齢者の所得保障プログラムの立ち遅れの状況の中で高齢化が進んでいるということであり，それによって高齢化に伴って深刻な高齢者貧困問題が発生しているということである。中国の高齢化の特徴について，「未豊先老」の現象，つまり豊かになる前に高齢化を迎えているこ

とがあげられているが，韓国にも多くの高齢者が老後所得保障の手段を持たずに高齢社会を迎えるようになっている。

(2) 少子化とその原因

韓国の出生率は1970年には4.53であったが，1990年代には1.59と急速に低下し，それ以降は持続的に減少している。とくに2005年には1.08という記録的な出生率になり，それ以降多少回復しているものの依然としてきわめて低い水準になっている。2008年の場合出生率は1.19，出生者数は465,892人と，2008年の総人口（48,607千人）の0.96％にあたる数字である。1980年の場合，出生者数865千人は当時の総人口（38,214千人）の2.26％であった（総人口は，統計庁，2006「将来人口推計」）。

韓国の出生率の低下の原因については，まず，1960年代から1980年代にかけての出生率の急低下には，教育水準の向上という要因があったことに加え，1960年代の「3人までの出産」という出産抑制キャンペーンもその背後にあったことにも注意しなければならない。韓国において家族計画の必要性がはじめて提起されたのは1950年代半ばごろであり，この時期は韓国戦争直後のベビーブームが始まった時期であった。

その後，1970年代には2人出産が家族計画の目標となった。1973年母子保健法施行令の制定・公布によって，地域社会中心の避妊普及事業が実施されたが，これをきっかけに，3人目の出産の場合，医療保険給付から外し，自費負担にするなどの政策をとっていたので，出産抑制のキャンペーンは大きな影響力を持っていた。

一方，1990年代以降の合計特殊出生率の低下と極端に低い普通出産率は，出産と養育に対する社会的支援が著しく欠如している事情によるものである。

統計学的側面からみると，韓国の出生率の低下は既婚女性の出産児童数の減少によるものではなく，「結婚年齢の上昇と未婚率の上昇による

もの」(金スンコン,2004) である。確かに,過去10年間の推移をみても,平均初婚年齢,平均出産年齢,第1子出産年齢などがすべて上昇している。また,1970年から2000年までの年齢別未婚率をみると25〜29歳の女性の場合10％から40％まで上昇し,30〜34歳の場合は1％から11％まで上昇している。男性の場合,30〜34歳の年齢層の未婚率は1970年は6％であったが2000年には28％まで上昇し,35〜39歳の場合も1％から11％まで上昇している。

このような統計学的変化に影響を与えている要因は何か。結婚と出産に対する価値観の変化等の要因もあるが,もっとも重要な要因としては次の2点があると思われる。1つは女性の立場からみたときに,出産と経済活動が両立できる社会的支援システムが整っていないこと,つまり出産・養育による休職期間中に職場保存と賃金補填が保障されないので出産を控えているということである。もう1つの要因は,養育費・教育費の負担が重いということである。出生率低下の一般的原因として,所得要因,子女要因,価値観要因,社会・職場要因が示されているが,韓国の出生率低下にもっとも大きな影響を及ぼしたのは「社会・職場要因」だ(三星経済研究所,2005)とされている。具体的には,家庭内での男女不平等,所得の男女格差,男性中心の社会システムなどの要因である。したがって,女性に対する社会的差別を改善しなければ,出生率の引き上げは困難であると思われる。

(3) 高齢者の貧困

老後所得保障制度の立ち遅れの中で急速な高齢化が行われているゆえ,高齢者の経済的問題はその深刻さを増している。

2007年現在65歳以上高齢者の社会保障制度の受給者数と受給率については,公的年金の受給率が23.2％,公的扶助受給率が8.0％になっている。高齢者の31.1％だけが所得保障の対象者になっているのである。65歳以上の高齢者の中で,老後の準備をしていない者の割合は高

く，2007年には65.3％にもなっている（統計庁「高齢者統計」2008）。生活費を子どもや親族の経済的支援に頼っている高齢者は42.1％（2007年）と，公的所得保障のカバリッジが狭いことから，大半の高齢者の生活は自分の貯金と家族の援助に頼っている。ただ，国民年金の給付は2008年から本格的に実施されるのでその適用範囲は急速に広がると推測される。以上の事情から，高齢者の生活水準にもっとも大きな影響を与えているのが扶養家族の有無である。扶養家族のいない高齢者の暮らしには厳しいものがある。

　国際比較からみると，韓国の高齢者貧困問題がいかに深刻かがわかる。OECD会員国の中で韓国は，平均所得の50％に届かない高齢者の割合が45.1％と最も高く，会員国平均の13.3％を3倍以上も上回っている。所得だけでなく，資産の側面においてもいわゆる資産貧困（資産が高齢者平均の50％に満たないこと）が深刻であり，これは資産を活用する所得保障プログラムの活性化にも大きな障害になっている。

4. 安定した老後生活を脅かす文化的要因
　　── 東アジア共通のリスク？ ──

(1) 東アジアにみられる高い高齢者自殺率

　2008年現在，過去25年間（1983～2007年）における韓国の死亡原因に関する統計庁のデータベースをみると，もっとも著しい変化の1つが自殺者数の増加である。2007年の自殺者数は12,174人（うち60歳以上は4,351人）であり，これは統計で比較可能な時期内でもっとも自殺者数が少なかった1988年（3,057人）に比べてほぼ4倍増加したものである。

　自殺率の増加は世界的な現象でもあるが，とくに開発途上国で著しくなっている。世界保健機構（WHO）の自殺マップには韓国と中国，日本など東アジアが世界でも最も高い自殺地域であることが示されてい

人/10万人

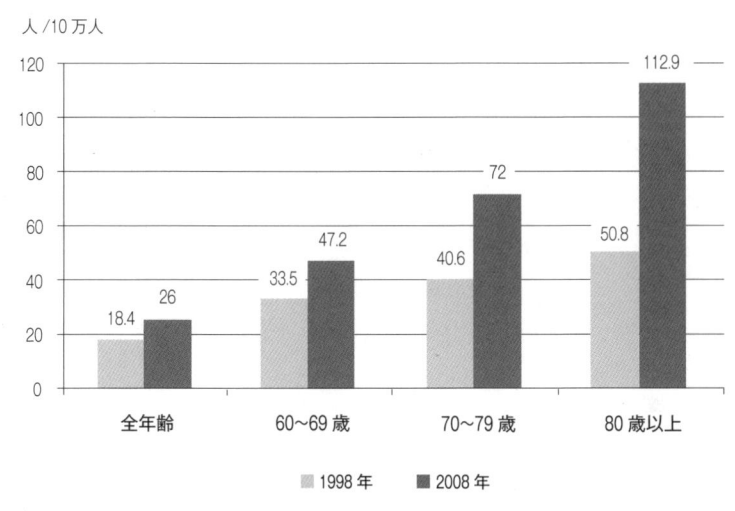

年齢	1998年	2008年
全年齢	18.4	26
60〜69歳	33.5	47.2
70〜79歳	40.6	72
80歳以上	50.8	112.9

出所：統計庁，2009，「2008年死亡原因統計結果」に基づいて筆者作成。

図 2-1　高齢者の年齢別自殺率

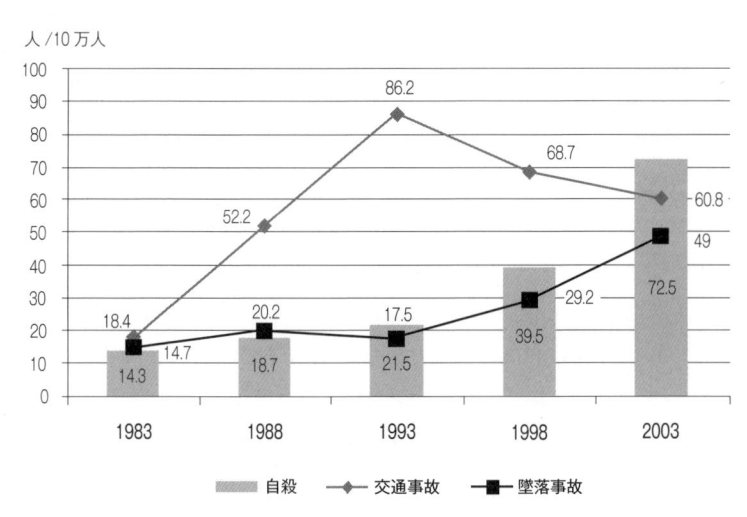

人/10万人

年	自殺	交通事故	墜落事故
1983	14.3	18.4	14.7
1988	18.7	52.2	20.2
1993	21.5	86.2	17.5
1998	39.5	68.7	29.2
2003	72.5	60.8	49

統計庁，2005，「高齢者死亡原因分析結果」に基づいて筆者作成。

図 2-2　高齢者の自殺率などの推移

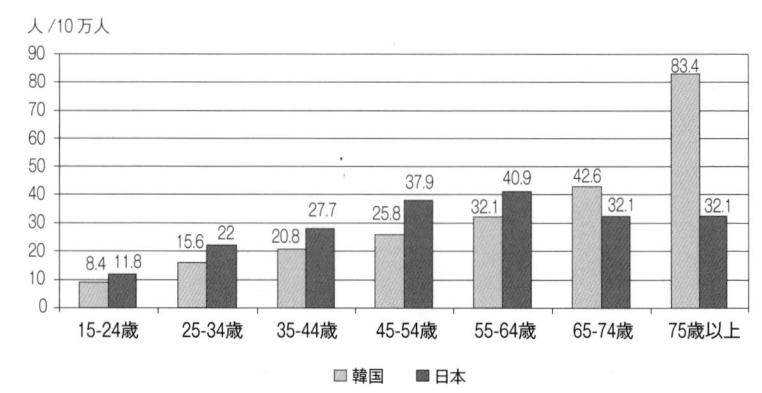

出所：保健福祉家族部（2008）の自殺統計に基づいて筆者作成。

図2-3　韓国と日本の年齢別自殺率の比較（2002年現在）

る。WHOは世界の自殺率が過去45年間で60％ポイント増加し，これからも増加を続け，2020年には153万人の自殺者が発生すると推測している。世界的傾向からみると，自殺率が急増している年齢層は男性45歳以上，女性65歳以上とされている。2008年現在韓国の自殺率（10万人当たり自殺者数）は26.0（男性33.4，女性18.7）である。過去10年間の高齢者自殺率の動向をみると（図2-1），平均自殺率も上昇しているが，特に高齢者の自殺は急増している。80歳以上の高齢者自殺率は112.9で，OECD加盟国の中で最高水準である。高齢者の交通事故死や家庭内事故を含む墜落事故死も増えているが，高齢者自殺率の増加はとくに著しい（図2-2）。日本の自殺率も高い水準である。2007年現在，日本の60歳以上の自殺者数は12,107人で全自殺者（33,093人）の33.7％を占めている（平成19年警察庁統計）。韓国の年齢別自殺率を日本と比較すれば，中年の自殺率は低い反面，高齢者の自殺率は圧倒的に高い（図2-3）。

　高齢者の自殺増加の原因については深層的な分析が必要である。表2-2は救急患者を対象とした調査結果であるが，高齢者の自殺動機を表

表 2-2 65 歳以上自殺者の自殺動機とその割合

	1 位	2 位	3 位
65 歳以上	本人の疾病 (35.9 %)	うつ (19.6 %)	子女との葛藤 (9.8 %)
全年齢	配偶者との葛藤 (22.2 %)	うつ (19.6 %)	恋人との葛藤 (12.0 %)

出所：疾病管理本部,「救急室損傷患者標本深層調査」(2006.8～2007.12)

している。その動機は本人の疾病, うつ, 子女との葛藤などになっているが, 高齢者の厳しい経済状況もその重要な背景になっていることは否定できない。統計庁の「社会調査」によると 2008 年の場合, 65 歳以上の高齢者の中で「過去 1 年間で自殺したいと思ったことのある人」は 7.6 % であり, 70 代は 8.2 %, 80 代以上は 9.9 % になっている。その理由としては, 疾患と障害 (40.8 %), 経済的困難 (29.3 %), 孤独 (14.2 %), 家族の不仲 (10.4 %) などであった。

中国においても, 自殺率に関する統計にはばらつきがあるが自殺率は高い。WHO は世界で年間 100 万人が自殺する (2002 年基準) とみているが, その 30 % 以上が中国の自殺者であるといわれている。WHO は 1998 年の中国の自殺者数を 41.3 万人 (10 万人当たり 32.9 人) と推計した。これは中国政府の公式報告よりは 40 % 高い数字であるが, 全世界の自殺者の 44 %, 女性の場合, 世界自殺者の 56 % に当たる (Phillips, *et al*., 2002)。現在, 中国では死亡原因の 3.6 % が自殺 (世界の平均は 1.5 %) であり, 農村地域の自殺率は都市地域の 3 倍 (Hawton & Heeringen, 2009) になっている。

韓国と同じように中国高齢者の自殺はさらに深刻である。60～84 歳の自殺率 (68.0) は平均自殺率 (23.2) の約 3 倍である。中でも, 都市の自殺率は 16.7 であるが農村高齢者は 82.8 もあり, 都市農村の自殺率の格差が 4.96 倍になっている (Phillips, *et al*., 2002)。

かつて東アジア地域には高齢者を大切にする文化が存在するとされ，「孝」は東アジア文化の代表的なものであるともいわれた。しかし，東アジアにみられるきわめて高い高齢者自殺率をみると，この地域に高齢者を大切にする文化が強く残っているとはいい難い。はたして今でも「東アジアには孝の文化がある」といえるのか。高齢者自殺の急増は，東アジアの儒教文化・仏教文化の急速な崩壊にその原因があるのか，あるいは，儒教文化・仏教文化そのものがその原因をはらんでいるのか。高い自殺率の社会は自殺を禁止するような教えを持つ宗教がない地域であるとも指摘されているが，儒教文化や仏教文化は自殺に寛大な態度を持っているといえるのであろうか。

(2) 高齢者の生活を脅かす文化的要因

所得保障制度の未成熟の中で急速な高齢化が進み，深刻な高齢者貧困問題が発生している韓国だが，このような状況の中で高齢者の安定した老後生活を脅かす新しいリスクとして，その文化的要因である親が子どもの養育・教育に対して示す慣行的行動様式，子どもの親に対する扶養態度，高齢者間における人間関係の維持方式に関する生活様式などについて検討したい。主には親子関係の特殊性から生じる問題のことである。

韓国は家計所得配分の決定において，子どもの存在が決定的な要素になっている。子女の所得が親の老後生活の質に決定的な影響を与える大家族制度の精神的遺産が今でも健在しており，子女教育に対する行き過ぎた熱意もそれによるものである。

何よりも私教育費を中心とした子どもへの過度な支出が老後準備を妨げ，安定した老後生活を脅かしている。OECD加盟国と教育支出を比較してみると，韓国の民間部分の支出の割合は対GDP比2.8％であり最高の水準である（日本は1.2％，加盟国平均は0.7％）（OECD, 2007）。私教育費とは学習塾や個人教師などに対する支出のことである。

家計支出に占める私教育費の割合は1990年代には8％水準であったが2005年には12％にもなっている。ある調査によると私教育を支出する世帯の場合，その負担は平均所得の19.2％にも達している。私教育費の支出は老後準備ができない要因にもなっている[3]。儒教社会にみられる「競争に臨む本人の他，その家族や親族などの基本的所属集団が強く応援する文化」（丸山孝一，2007）の現れともいえる。

子どもの結婚費用を過度に支出する社会的風潮も老後生活を脅かす要因になっている。韓国では，知人や親戚の結婚や葬式など「慶弔事費」と呼ばれているものへの支出も中高年世帯の生活費を圧迫していて，これは面子を大切にする生活様式と関連している。

中・高齢者の安定した生活を脅かす要因として，ここで特に強調しておきたいのは，親に頼って生計を維持している若者が増加している現象であり，それは東アジア共通の現象のように思われる。

若者の失業問題は韓国では「青年失業問題」と呼ばれ，青年失業者は「白手」（ベクス），女性の場合は「白鳥」（ベクチョ）とも呼ばれている。筆者は白手問題が基本的には経済構造や失業と関わる根本的社会問題とみているが，その中には，平然と親に依存して生活する類の若者が含まれていることは否定できない。しかも，増加しているといわれている。日本でいう「ひきこもり」に当たる「隠遁型一人ぼっち」の存在が「親依存型若者」になる可能性が高いとされ，白手問題を肥大化した私教育市場がもたらした弊害とみる見解もある。家庭教師などの職に就いていた若者が「白手」になる可能性が高いとされているからである。

一方，中国ではいわゆる「啃老族」（ケンロウゾク＝丈夫すぎる高齢者）の実態に関する報告もなされている。中国老齢科学研究センターによると，2005年現在中国の都市部において65％以上の家庭で親が成人

---

3) ある民間研究所の調査によると，「私教育費の確保のためにまずどの項目の家計支出を抑えるのか」という質問には57.2％の回答者が「老後準備費」の項目を挙げている（現代経済研究院，2007）。

の子どもを扶養する現象(「老養小」現象)があるとしている。成人になっていながら親に頼って生活するケースも少なくないと思われる。また,日本では親に寄生する形で生活している人々のことを「パラサイトシングル」と呼び,親の年金などを着服するとか親の財産を詐取するような「パラサイト型老人虐待」という現象もある。

このような類型の若者の増加には,教育的要因も社会的な要因も,そして,グローバリゼーションの影響もあるだろう。しかし,間もなく老人世代に仲間入りする世代が,自分の老後生活への準備をすることなく,子どもに過度な資産を投入するような決して望ましくない現象がこうした若者の増加と深くかかわっているのではないかという仮説については,社会的省察が必要な時期にきていると思われる。

韓国の現実は,自分の老後生活を社会保障制度に安心して任せられるような状況ではない。個人の付加的な老後準備が必要であるが,子どもの教育などへ資産を過度に投入することによって具体的な老後プランを準備することができなくなり,それが老後生活において大きなリスクになっている。親の世代は子どもが出世すれば何とかなるという考え方,つまり子どもの養育がすなわち老後の準備であった過去の考え方から完全に抜け出せていない。しかし,若者の意識・価値観はすでに個人主義的になっており,そのはざまで中高年の老後生活は大きなリスクにさらされているといえよう。

5. 少子高齢化への取り組み

(1) 韓国の取り組みとその特徴

2005年韓国の合計特殊出生率が1.08を記録したことは韓国政府に大きな衝撃を与え,政府は2005年4月「低出産・高齢社会基本法」を立法化した。この法律の基本理念は「人口構造の均衡と質的向上,健康で安定した老後生活の保障」である。

低出産・高齢社会基本法は，政府の各部処が推し進める低出産対策，高齢社会対策の基本的方向性を提示・規制する重要な法律で，たとえば，同法第6条は「低出産・高齢社会政策に関連する他の法律を制定または改正するときには，この法律の目的と基本理念に一致するようにしなければならない」と規定している。

　低出産・高齢社会基本法の内容は，大きく3つの部門からなっている。第1に，低出産に対応する政策で，出産と保育などの支援をその内容とする。第2は，高齢社会対策で，高齢者の雇用，所得保障，介護保障，シルバー産業育成などが含まれている。第3の内容は，5年単位で低出産・高齢社会基本計画を策定し，施行することである。そのための「低出産・高齢社会委員会」（委員長は大統領）が2005年9月1日発足されている。この法律に基づいて，「第1次（2006～2010）低出産・高齢社会基本計画」（Seromaji Plan 2010：セロマジとは韓国語で「新たに迎える」という意味）がすでに策定され，実行されている。2008年に低出産・高齢社会対策のために投資される予算は10.7兆ウォンで，長期的には242の政策課題に32.1兆ウォンを投資する大型計画である。

　低出産・高齢社会基本法とその推進にみられる韓国政府のアプローチには次のような3つの特徴が確認される。

　第1の特徴は高齢社会に対応する政策を少子化対策と直接結びつけて取り組むということである。第2の特徴としては，低出産・高齢化対策を全体としての国民経済と結びつけて推進しようとするものである。低出産・高齢社会対策は多くの保育士や介護福祉士などの雇用，ケアマネジャーなどの新しい専門職業の創出が期待される領域であることから，新しい雇用の創出と新しい産業の育成をこの対策に盛り込むことによって，低出産・高齢社会対策を1つの経済投資として位置づけているのである。第3の特徴としては，この法律に基づいて策定される推進計画が1つの特定部処（保健福祉家族部）によって進められるのではなく，15の中央政府中央官庁と16の広域自治体，そして234の基礎自治体が主

体になって，共同策定・共同推進の体制で進められることになっているということである。

(2) 社会サービス部門の少子化対策の内容

社会サービス部門のプログラムは大きく分けて，高齢化対策と少子化対策に区分されているが，ここにおいては少子化対策を中心に具体的なプログラムを紹介する。まず，中央政府のプログラムである。

① 妊婦・出産費用支援プログラム

国民健康公団（国民健康保険の保険者）が2006年時点で行った妊婦と出産関連費用の調査によると，妊婦が産前診察期間中に行う平均検診回数は7.8回，産前診察と出産にかかる総支出は185万ウォンである。費用の内訳をみると，本人負担が102万ウォンで，総費用の55.1％になっている。特に産前検診における本人負担が重いこと（56万ウォン）から，その補助金として20万ウォンを支援している。

② 児童保育費支援

子ども養育に対する育児支援を強化している。2010年までに，この部門に32兆ウォンの国家予算が投入されることになっている。保育支援対象の児童は2002年には19万人であったが，2007年には77万人にまで拡大された。また2008年からは120万人の児童に対する保育支援が行われているが，それは全体児童の70％（都市労働者平均所得以下）にあたる。都市労働者世帯の月平均所得の70％（2008年278万ウォン）以下の所得の世帯の児童保育に対して，保育費の60％を支援（2007年には50％）し，都市労働者月平均所得（398万ウォン）以下の場合は30％を支援（2007年には20％）している。

障害児を対象とする無償保育も2003年以降強化されている。2008年現在，父母の所得に関わりなく，障害児保育に月37.2万ウォンが障害児保育施設に直接支援されている。2008年5月現在，全国147障害児保育所で約9,000人の障害児が保育されていて（保健福祉部，障害児保

育所現況），保育施設の施設長，保育士，特殊教師，治療士，放課後教師に対しては人件費の 80〜100％が支援されている。韓国では，障害者差別禁止法が 2008 年 4 月 11 日から施行され，1 年後の 2009 年 4 月 11 日からは障害者の便宜施設提供に関する義務事項が大幅に強化されている。

③ 低所得者児童の自立支援プログラム（CDA）

児童発達支援口座（child development account）は低所得層児童の自立基盤を強化するために 2007 年 4 月から導入されたプログラムである。アメリカの IDA（individual development account）など世界的に広がる傾向にある「資産形成政策」のプログラムである。アジアの先例としては，シンガポールの CDA，台湾台北市の FDA（family development account）がある。

CDA は児童福祉法の規定によってその保護義務が政府にある「要保護児童」が対象であり，対象児童の保護者あるいは後援者が毎月 8 万ウォン以内の金額を貯金した場合，毎月 3 万ウォンまで児童貯金と同額の支援金を口座に積み立てるものである。このように最長 18 年間積み立てた場合，総額 3,866 万ウォンになり，18 歳になってから学費，創業費，居住確保などに使うことができる。2008 年 2 月末基準で，総加入者は 32,079 人，貯蓄児童数はその 90 ％の 28,330 人で，加入児童の月平均貯蓄額は 28,893 ウォンである（保健福祉部，内部資料）。

④ 妊婦の雇用保障プログラム（AA）

女性に対する積極的雇用改善措置（affirmative action）は韓国社会の大きな課題であるが，政府はこの分野の改善にも乗り出している。その対象企業を 500 人以上の労働者を雇用している企業にまで拡大しながら，雇用改善企業に対する支援も強化している。

「妊娠・出産後継続雇用支援金」は，妊娠 16 週以上の妊娠期間中，もしくは産前休暇中に雇用契約期間が満了する非正規職女性労働者（派遣労働者，短期労働者など）を，正規職労働者として再雇用（契約変更）

する企業主の雇用改善努力に対して支援を行うものであり，2008年4月30日以降以上のように再契約した場合，その企業主に最初の6ヵ月に月60万ウォン，次の6ヵ月には月30万ウォン，1年間合計540万ウォンを支援するものである（労働部告示第2008-22号，2008：雇用保険法第23条に基づいた告示）。

⑤ 自治体のプログラム

一方，地方自治体が主体になって行う低出産対策プログラムも多くある。出産奨励金を提供することや，保育や養育を付加的に支援するプログラムが主流になっている。基礎自治体の全羅南道宝城郡は第1子240万ウォン，第2子360万ウォン，第3子以上600万ウォンの出産奨励金を出している。慶尚北道蔚津郡の場合，第3子以上の子どもに対して，民間の健康保険料として月10万ウォンを5年間支援（18歳までの保障性保険，満期時には800万ウォンの保険金が出るもの）し，満期時にはそれを学費に使うように支援している。

多子家庭に協力的な社会雰囲気を作るために行っている事業もある。たとえば，釜山市の場合，2000年以降3人の子どもを持っている1.6万世帯に「家族愛」というクレジットカードを発給しているが，そのカードを使用する時は，「学習塾受講料の20～50％割引，出産・幼児用品購入の時20％割引，検診費用の30％割引，遊園地利用の50％割引，児童癌保険への無料加入，定期預金の金利優遇（0.2％）」などの優遇が行われるようになっている。

(3) **所得保障部門のプログラム**
　　—— **出産クレジットの導入と基礎老齢年金** ——

① 出産クレジット（credit）制度

2007年の国民年金改革のときに「国民年金クレジット制度」が導入され，2008年から「出産クレジット」と「兵役クレジット」が実行されている。

出産クレジットは，国民年金加入者に第2子が出産した場合は12ヵ月，第3子出産以上はそれぞれ18ヵ月間を国民年金加入期間として追加的に認めるものである。その財源は国家と国民年金基金が分担する。また，兵役義務の履行時には，その加入期間が6ヵ月追加的に認められ，全額国庫負担になる（国民年金法第19条）。追加認定期間中の認定所得は，国民年金全加入者の最近3年間の月平均所得（2008年の場合は167万ウォン）として算定し，老齢年金の受給権を獲得した時にその加入期間を認める。加入期間は合意によって父か母の加入期間に算入するが，合意がない場合は父母均分する。出産の範囲については，親生児（嫡出子）のみならず，養子も含まれる（国民年金法施行令第25条）。

　② 基礎老齢年金の導入

　2008年1月から70歳以上の高齢者，7月からは65歳以上の高齢者を対象とし，国民年金加入者の平均所得の5％水準の少額年金給付を行うものである。「年金」という名称となっているが，全額国庫負担であり，本人の保険料負担はない。

　2009年1月現在，全高齢者509万人の70％にあたる約356万人の高齢者に支給されており，高齢者夫婦の場合は，所得が月108.8万ウォン以下の者，高齢者1人世帯の場合は，月68.0万ウォン以下所得の者となっている。前者の場合は最大14.08万ウォン，後者の場合は8.8万ウォンが支給されている。

6. 少子高齢化対策の課題

(1) 高齢者の貧困と経済的格差

　高齢者政策の基本的条件は所得保障である。しかし，韓国は所得保障制度が立ち遅れた状況の中で急速な高齢化を迎えていて，大規模な高齢者の貧困が発生している。政府は基礎老齢年金の導入などを通じて高齢者の所得保障を強化しながら，一方では経済力を持っている高齢者層の

存在を見込んで，高齢親和産業を振興することを高齢者対策の基調としている。たとえば，低出産・高齢社会委員会は2008年を前後とし，ベビーブーム世代の引退が始まるにつれて高齢親和産業の需要が爆発的に増加すると展望している。しかし，現実は楽観視できない。

所得においても資産においても60歳までに増加し，それ以降低下していくという面においてはほとんどの国の状況と類似している。確かに，高齢者の資産は高い水準にあるが，その解釈には平均的統計には示されていない韓国の特有の事情に注意する必要がある。1つは，資産に占める不動産の割合が極めて高いということである。アメリカ36％（2004年），カナダ50％（2005年），日本61.7％（2004年全国消費実態調査）に比べて韓国は76.8％（2006年）になっている（財政経済部，2007）。これは大半の財産を住宅に投資している韓国特有の事情を反映しているが，この事実は資産を生活費として活用することが難しくなっていることを意味している。もう1つ考慮しなければならないのは高齢者間の格差である。中高年の資産分布調査によると50歳以上の世帯主の世帯において，上位10％が全資産の49.3％を保有している（南サンホ・権スンヒョン，2008）。

このような事情からサービス利用に伴う自己負担のために介護サービスの利用を断念する高齢者も少なくないと推測される。2009年5月末現在，韓国の老人療養施設は2,016ヵ所で定員76,216人であるが，実際の入所者数は62,677人であり，入所率は82.2％である（韓国健康保険公団への聞き取り調査）。低い入所率の重要な理由が経済的負担にあるということは筆者の現地調査でも確認されている。高齢者の貧困問題が解消されない限り，高齢親和産業の活性化も期待できないのである。

夫婦の場合，基礎老齢年金の最高額は14万ウォン程度であるが，これは長期療養保険サービスの100万ウォン分の本人負担金に当たる。基礎老齢年金の実施に伴って，長期療養サービス利用の需要も多少は上昇するかもしれない。全国民を対象とする国民年金制度が成熟し，本来の

役割を果たすようになるまでの当分の間でも,基礎老齢年金のような所得保障プログラムを強化していくことが求められているのである。

(2) 出生率低下の真の原因の追及

韓国において2000年代に入ってからの福祉拡大をもたらしたもっとも重要な要因は少子化であるといわれている。そして,出生率を高めるためのさまざまな試みが中央政府のレベルで行われ,自治体も競って出産・育児支援プログラムを打ち出している。しかし,低出産対策は出産率低下の真の原因に関する正確な認識に基づいたものでなければならない。さもなければ,政策の実効性が期待できず,財政的負担だけが膨らむ可能性があるからである。

出産奨励金の支給などの直接的支援に対しては,疑問の声も出ている。たとえば,アメリカは特別な出産奨励政策をとっておらず,出産による女性の有給休暇もない(対外経済研究院,2009)にもかかわらず高い出生率を示しているからである。このような指摘は出産に対する直接支援ではなく,労働市場政策を通じて出産率の増加を目指すことが正しいアプローチであるという主張の論理的根拠になっている。女性の「就業,出産,再就業」の過程をより容易にする政策を通じて,女性の労働市場参加率を高める政策が正しいアプローチであるということである。しかし,こうした政策にも条件があり,それは育児サービスの供給の確保である。したがって,育児サービスの充実と公的支援は少子化対策の基本ともいえるのである。

社会・家族の不平等,つまり女性の出産と育児に配慮しない社会文化・企業文化,家事や育児負担の大半を女性に押しつける家庭環境の下で出産率の回復を期待することはできない。社会文化の見直しが求められる。また,平等で理想的な家族の姿とは何かについての社会的合意づくりも重要である。韓国の歴史上,平等な家族への合意づくりの機会がなかったわけではない。1960年代以降家族計画政策においては「近代

的家族像」が叫ばれていた。しかし，近代的というものの中身は「小規模の家族」とされ，その理由は「社会経済発展に有利であるから」というものであった。本当に重要なのは子どもの人数といった形式的な変化ではなく，男女平等意識の成熟，男女が共同で家事・育児を行うことといった「家族の質における変化」である。この点での社会的共感を広げようとする努力を怠っていたのである。しかし，不幸にも家族計画政策以降も変化がみられなかった根深い男女不平等の現実こそ，今日韓国の出生率を世界最低の水準までに追い込んだ真の原因になっている。にもかかわらず，最近の政府政策をみると，過去の過ちを繰り返しているような印象さえ受ける。というのは，出生率が世界最低水準になるや，政府は今度は「複数の子どもの家族が理想的である」という宣伝に乗り出しているからである。過去と比べると政策内容は，子どもを減らす方向から増やす方向へと正反対に変わっているが，その根底にある考え方は全く同じで，それは「社会経済発展に貢献する家族がよい家族である」というものである。発展主義福祉レジームの特徴が明らかに映し出されている場面である。「平等で理想的家族の姿」とは何かについての国民的合意形成のための論議を深めなければならない時期にきている。

(3) 高齢者の暮らしを脅かす文化的要因へ注目すること

第4節でみた通り，高齢者の安定した老後生活を脅かす要因には社会的慣行など文化的要因がある。自分の老後生活に対しては真剣に準備をしていく社会的雰囲気づくりが求められる。これは韓国社会に根付いている歪曲された儒教文化の反省と見直しを伴わなければならないものである。行き過ぎた学歴主義，儀礼の文化などに対する見直しのことであるが，これは長期的な課題である。重要なのはこうした社会文化が高齢者の暮らしを圧迫する一因になっていることを認識することである。たとえば私教育費の問題は今まで教育問題，社会不平等の悪循環をもたらす問題として指摘されてきたが，それが高齢者の安定した老後生活を脅

かす主な要因でもあるという認識をし，その解決への社会的合意を得ていかなければならない。極めて高い高齢者自殺についても，科学的調査とそれに基づく対策が求められる。自殺の背景に貧困問題や介護問題があることはいうまでもないが，東アジアに特に高齢者自殺が多いということは，東アジア文化の側面からの説明も求められていることを意味すると思われる。

参考文献

金スンコン，2004,「韓国社会の低出産原因と政策的示唆」，韓国人口学会学術大会の報告文

南サンホ・権スンヒョン，2008,「韓国中・高齢者世帯の資産分布現況と貧困分析」，『保健社会研究』第 28-2 号

対外経済研究院，2009,「低出産の国際比較」，『今日の世界経済』Vol. 9, No. 29

朴光駿，2004a,『高齢社会の老人福祉政策：国際比較的観点』，ヒョンハク社

三星経済研究所，2005,「外換危機以降低出産原因分析」

申光榮，2002,「韓国の経済危機と福祉改革」，『国家戦略』第 8-1 号

現代経済研究院，2007,「私教育，老後不安の主要因」，『韓国経済週評』07-15

企画予算処，2007,「2008 年予算・基金案主要内容」

保健福祉部，2006, 第一次低出産高齢社会基本計画（2006-2010）；「国民基礎生活保障受給者現況」，各年度；「被扶養者認定基準」，各年度；「地方自治団体別低出産対策主要独自事業」(2008)

財政経済部，2007,「2006 年家計資産調査分析」

統計庁，2007,「2006 年家計収支動向」；『高齢者統計』各年度；人口統計データベース

統計庁，2009,「2008 年出生者統計」；「2008 年死亡者統計」

行政自治部，2007,「地方自治団体予算概要」

（以上，韓国語文献）

朴光駿，2004b,「社会政策の評価研究 —— 韓国の「生産的福祉政策」を事例に ——」，社会政策学会報告書

朴光駿，2007,「東アジアにおける公的年金制度改革の比較」，社会政策学会編，社会政策学会誌 18 号，『経済発展と社会政策』

朴光駿，2008,「高齢者福祉の地域間格差に関する国際比較研究」，科学研究費報告書

丸山孝一, 2007,「韓中日共通文化の再認識とその現代的意義」, 韓・中・日国際シンポジウム報告文

Cutright, P., 1965, Political Structure, Economic Development, and National Social Security Programs, *American Sociological Review,* Vol. 70

Hawton, Keith & Heeringen, Kees, 2009, Suicide, *The Lancet,* Vol. 373, Iss. 9672

Park Kwang Joon, Cho HS, Hwang SD, Lee HS, 2001, *The Social Impact of Economic Crisis in Korea,* Submitted to the World Bank

Phillips, Michael, *et al.*, 2002, Suicide rates in China, 1995-99, *The Lancet,* Vol. 359, Iss. 9309

OECD, 2007, *Education at a Glance*

OECD, 2009, *Pensions at a Glance : Retirement Income Systems in OECD Countries*

第 3 章

韓国における高齢者健康・介護政策の実態と今後の改善課題

鮮于 悳

はじめに

韓国社会は 2000 年度に高齢化率が 7.2％で高齢化社会に突入しており，8 年後には全人口の 14％を 65 歳以上の老人（韓国の老人という概念は，日本でいう高齢者にあたるので，この論文では老人と表記する）が占める高齢社会になると予測されている。このような高齢化スピードは速すぎると言われているが，いまの合計特殊出生率が低い水準で維持されると仮定すると，もっと早い時期に高齢社会に到達する可能性もある。

高齢化社会，あるいは高齢社会というのは平均寿命の延長による老人人口の増加を主因とした現象であるが，それによって老人の多様性も見られ始めている。たとえば，老人間における所得水準の格差をはじめ，健康水準，生活習慣，家族構成や居住状況等における格差が目立つ。現在の韓国老人の主な特徴としては，教育水準が低いこと，所得水準が低いこと，子女への生活費依存が高いことが挙げられる。即ち，社会経済的状態が劣化していて全般的な健康水準に影響を与えている。

またそれに伴う老人問題も多様に現れていることから政府としても老人政策がとられた。2000 年度以降に作られた主な老人政策としては，老人長期療養保障体制づくり（2000～2007 年），老人健康増進事業（2006 年），「低出産・高齢社会基本計画 2010」（2006 年），基礎老齢年金（2008

年),老人長期療養保険制度 (2008年) などが挙げられる。それ以外にも高齢化社会の進展にしたがって,既存の社会保障制度を見直してきた。たとえば,老人の基礎生活を保つようにするために,既存の無拠出敬老年金を基礎老齢年金 (2008年) に転換しており,国民年金 (被雇用者および自営業者向け) と特殊職域年金 (公務員・私立教職員・軍人向け) との加入期間が連携できるようになった。そして,老人の健康を維持するために生涯転換期健康検診制度 (2007年) や,国民健康保険による老人向けの給付内容を拡大した。

人口高齢化はすべての社会分野に影響を与えているが,先に日本が人口高齢化を経験しており,次いで韓国や中国が経験している。特に日本の経験は後発国家にとって重要な財源になりうるので,相互緊密な連携体制づくりが必要である。

ここでは韓国における高齢化政策がどのような社会状況で,どのような共通リスクを生じているか,その状況に備えるための政策内容は何か,またその施行結果などを述べながら,各国が高齢化政策を作っていくうえで相互に参考になるようにすることが目的である。さらに社会保障分野の中で,健康問題に関連した高齢化政策に対して整理することにある。即ち,健康水準の進行過程においては段階別に疾病発生以前の健康増進期 (health promotion stage),疾病予防・早期発見期 (disease prevention & early detection stage),疾病治療と健康回復期 (treatment & convalescent stage),そして長期ケア期に分け,長期ケアのニーズが起きないようにする健康回復・維持,および向上政策に対して韓国の経験を紹介したい。

第3章 韓国における高齢者健康・介護政策の実態と今後の改善課題　55

1. 高齢者健康・介護政策の樹立背景

(1) 人口的側面

　周知のように韓国の高齢化スピードは速すぎる。その要因として持続する平均寿命の延長と少子化（低出産）現象が挙げられる。ここで平均寿命の延長による老人人口の増加は社会保障制度からの各種給付をもらう受給者の数を増やすこと、そして低出産（少子化）現象はそのような受給者のための社会保障財政を担う負担者を縮小させることを意味する。韓国の場合、他の国と同じように平均寿命の延びは急激でないけれども、低出産（少子化）現象が激しいという特徴がある。その反面、不健康・介護ニーズにかかわる老人の大部分は、75歳あるいは80歳以上の後期老人（the oldest-old）であるといえる。韓日間における老人人口の特徴を比べてみると、まだまだ大きな格差がある。2008年度の高齢化率は日本の場合、22.1％になっているが、韓国の場合、その半分程度の10.7％でしかない。特に75歳以上の後期老人の割合は日本より非常に低い水準が見られる。さらに面白いのは日本の後期老人比率が韓国の65歳以上の老人人口比率と同じぐらいであることである。したがって、韓国の場合、後期老人に関わる社会問題はいまから15〜20年後に深刻になる。

(2) 保健社会的側面

① 保健医療的側面

　まず、韓国老人（65歳以上）の慢性疾患有病率では、2004年度の全国調査では老人の90.9％が1つ以上の病気にかかっている。その中で、3つ以上の慢性疾患をもつ割合は平均54.8％で、女性の場合は約66％である。疾患別有病率では、関節炎が一番高く、次いで高血圧症、腰痛などの慢性痛症、骨多空症（日本語では骨粗鬆症）の順となっている。特に高血圧症は合併症として脳卒中や心臓病を起こす可能性があるた

め，高血圧症が高いということは，それだけ長期療養必要状態（日本で言う要介護高齢者）が多く発生する可能性があることを意味する。

慢性疾患は，生活習慣に密接な関係があるので，老人の主な健康維持増進行為をみると，概ね喫煙率や飲酒率は低い水準に止まっているが，運動不足や低栄養状態の老人がまだ多い。特に栄養部門ではナトリウム（塩）の摂取率が非常に高い水準である。

一方，2008年度老人の痴呆（日本では認知症と言い換えているが，韓国では言い換えはしていない）有病率は8.4％と推定されており，患者数としては421千人に上る。重症度別では，軽度が全体の68％，中度が18.5％，重度が13.5％を占め，特に軽度の患者は，基本的な日常生活動作は自分で行うことができるが，火元管理や外出彷徨などの社会的動作が劣っているので，家族など他者からの支援が必要とされる。これが介護保障制度を必要とする要因となっている。

老人の所得水準の向上に合わせて，医療技術の発達に伴う高価治療も次第に頻繁に行われるようになり，過去に放置された痴呆患者の治療[1]も高まっている。それによって老人医療費が増えつつあり，2007年度にはその比率が健康保険医療費全体の3割弱になっている。これは1990年（10.8％）と比べてみると2倍以上で，この数値は日本の1989年度水準に当たる。高齢化が徐々に進んでいくとすれば，日本の経験からいずれ4割弱まで上がる可能性もある。

② 経済社会的側面

経済発展や女性の権益増進などにより女性の教育水準が上昇しており，社会活動も活発になりつつある。それに伴って家庭内での仕事以外に就職や家庭外での個人的な活動もだんだん増えている。2000年以降女性の経済活動参加率は，年代によって異なるが，30代と50代は50

---

[1] 2002年度の痴呆患者治療費は561億ウォンであったが，2007年度には3,268億ウォンになったので，5年間で約6倍の上昇率が見られる。

%強で，40代は60％を超えている。

　特に，40〜50代は親世代が長期療養必要状態になる時期になっており，公的介護保障制度が作られていないと，親が長期療養必要となった場合，子どもであれ，嫁であれ，就職や社会活動を辞めさせられるか，それとも親を家庭に放置するかしかない。公的長期療養保障制度に24時間依存してもらえないとしても，介護家族にとっては介護負担が大きく減っており，社会活動も維持し続けられている。

(3) 家族文化的側面

　韓国社会はすでに核家族化しており，3世代が同居するのは珍しい。家族分化（日本でいう世帯分離）は進んでおり，特に親世代と子ども世代との分化が目立ち始めている。2007年統計庁調査によると，「いま子どもと同居しているか」の質問について「同居している」割合が38.2％で全体の4割弱，同居しない理由をみると，「親の独立生活が可能である」と「別居したほうが楽だから」を合わせ6割弱となっている。

　しかしながら，親自身が不健康で要介護状態になっても「子女に養ってほしい」が全体の4割強しかない。このような現象は今後公的年金[2]の受給が普遍になる時期には子女との同居率が低くなり，子女への生活依存度ももっと弱くなることが予想できる。

　韓国における老人家口（高齢者世帯，65歳以上の老人がいる世帯）は2005年度人口センサスによると，全体世帯の21.2％で日本の1975年水準にあたる。しかし，政府に委託された全国老人生活実態及び福祉欲求調査結果によると2008年の，老人家口のうち独居老人（単独世帯，一人暮らし）の割合が26.7％，老人夫婦家口の割合が39.7％であった。即ち，老人のみで構成された世帯が全体老人家口の約2/3を占めていたのである。韓国は日本に比べて老人家口割合は低いけれども，一人

---

2) 2007年現在，65歳以上の公的年金受給者比率は全体老人人口の22.4％である。

暮らしや夫婦のみの世帯が日本水準を上回っていることがわかる。このことは，老人家口の約 2/3 は要介護状態や病気になると，すぐに家族からのケアを受けることができなくなって，社会的支援対策が求められることを意味する。

一方，長期療養が必要な老人への介護支援は主に配偶者によってなされており，次いで息子の嫁が介護を担っている。しかし，「その他」の中にはホームヘルパーも含まれており，この調査は長期療養保険制度が導入される直前のものだが，もし今後同じ調査がなされるとすると，家族介護者比重は減るかも知れない。それでも，長期療養保険サービスを，在家（在宅あるいは居宅）老人に 24 時間提供することはできないので，家族による介護はまだ残ると考えられる。ここで，懸念される点は家族介護者，特に配偶者が高齢になりつつあることである。このことは長期療養サービスの質だけでなく，介護疲れによる病気や虐待が起こることにつながるので，社会的長期療養支援制度の構築が当事者だけでなく家族介護者にも必要とされる。

(4) 高齢社会での生活リスクへの対応

日本はすでに高齢社会になっており，韓国と中国は，日本とは 20 年の差を維持しながら高齢社会に向かっている。ここで，日本の経験は両国の反面教師になっており，その一方では共通するリスクを解決するために日本が後発国家の生活様式から得ることができる妙案を探ることもできると考えられる。

高齢化に伴う生活リスクは，老人自身が遭遇するリスクと，老人を支える次世代が遭遇するリスクがあると考えられる。一般に 60 歳になるとほぼ現役から引退させられており，その後 20〜30 年を送るであろう老後の生活が始まる。そのとき必要なものは一般生活費，医療費，介護費などである。一般生活費は公的年金をもらって賄われるが，医療費と介護費はいったん病気や要介護になると，多くの費用がかかるために，

命の維持にリスクが起こる。そのようなリスクを持つようになった老人が増加すると，老人を取り巻く社会環境の変化と相まって老人自身だけでなくその家族（子ども）や地域社会にもリスクが拡大する。

既述した社会環境の変化をみると，後期老人を中心とした老人人口の急増とともに，老人家口の拡大と一人暮らしや老人夫婦のみの世帯の増加現象が韓国と中国でも見られ始めている。ある面では韓国が日本よりもっと激しくなった点もある。まず，そのような人口的変化による家族や地域社会への影響がさまざまな問題を来たしている。その中で一番心配なのは医療費と長期療養問題である。病気にかかると治療費だけでなく看取り費用，そして脳卒中などの重病については治療後の後遺症に対する長期療養が必要になるので，長い間長期療養費がかかってしまうからである。

韓国老人の事情をみると，後で長期療養が必要な状態につながる可能性のある高血圧症や関節炎などの有病率が非常に高く，痴呆有病率も比較的に高く，そして死亡原因から見ても脳血管疾患や心臓疾患による死亡が多く見られている。その反面，老人医療費は自己負担で支払われるけれども，大部分は健康保険が賄っているので，老人自身は大きな負担はない。その代わりに若い被保険者の財政負担が重くなる。また，長期療養が必要になると，過去には同居する子女が世話してくれたが，いまは親と別居する時代になったので，家族からの世話も期待できない。たとえ配偶者に世話してもらっても，すでに配偶者も高齢になっているので，安全な世話は期待できない。

以上のことから，人口社会的変化によるリスクは人口高齢化に伴って引き起こされるものなので，3ヵ国において時間差があるとしても共通する問題と考えられる。韓国の場合，高齢化率が日本より低いけれども，人口的要因以外の社会的現象がすでに日本に近づいているので，早い時期に長期療養保険制度を導入することになったと言われている。

韓国は1997年末，外国為替危機による不景気で出産力が大幅に落ち

たことがきっかけとなり，高齢化のスピードがより早く進んでいくことを通しながら，2000年度から本格的に長期療養政策を探ってきた。その結果が2008年度の老人長期療養保険制度（介護保険制度）の施行である。そして次は，長期療養が必要となる以前の段階での予防システムを構築する政策が必要である。日本の経験からみると，長期療養必要となった主な原因[3]は，自然的な老衰を除外すると，脳卒中，心臓病，関節疾患，骨折・落傷や痴呆となっている。それは生活習慣と密接な関係にあるので，長期療養保険財政を安定化させるためだけでなく，老人のQOLの向上のためにも健康増進による長期療養予防システムが構築されるべきである。

2. 高齢者介護政策の内容と運営実態

① 被保険者と保険者

まず，療養保険制度においては，被保険者は一元化された国民健康保険制度の加入者と医療給与制度[4]の受給権者であるが，老人は所得水準が低いので，概ね被扶養者となっている。勿論，公的年金受給老人の場合は保険料が源泉徴収されているが，公的年金（国民年金）制度がまだ十分成熟しておらず，大部分の老人の所得水準は低い。加入者がサービスを受給するためには原則65歳以上の老人であるべきだが，64歳以下の場合は老人性疾患[5]によって6ヵ月以上自ら日常生活を遂行することが難しいとされた場合が対象となる。したがって，老人性疾患以外の原因で長期療養必要状態になった若い障害者[6]は除外されている。

---

3) 厚生労働省，「国民生活基礎調査」（平成19年）参照。
4) これは低所得の生活保護者を対象とした一種の医療扶助であるが，その受給権者も療養保険制度に含まれている。医療給付制度の老人受給権者数は老人人口全体の約10％程度である。
5) ここで老人性疾患とは，認知症，脳血管性疾患，パーキンソン病および関連疾患をいう。

保険者は，国民健康保険の保険者である国民健康保険公団である。これは行政管理費用の節減と行政手続きの効率化を図るためであって，社会保険方式の長期療養保険制度をもつドイツや日本においても共通する。同公団は概ね市郡区地方自治団体別に支社が1ヵ所ずつ設置されている。その支社の中に老人長期療養保険運営センターが設置され，当該地域住民の療養保険サービスを担っている。同公団の役割は加入者の管理や保険料の賦課・徴収，認定申請者に対する訪問調査，長期療養等級判定にかかわる業務，請求されたサービス費用の審査・支払い及び長期療養機関の質評価などを行うことである。

　日本の制度と違う点は被保険者の範囲が若い層も含めていることで，財政収入面からみると，収入規模が大きくなり，中・高年者の保険料負担が軽くなっていると言える。さらに，若い一般障害者が受給権者の範囲に含まれるようになると，制度の見直しが順調に行われると思う。

② 長期療養認定と実態

　長期療養認定体系の主な構成要素は長期療養認定調査項目と調査・評価判定者である。前者は合計54項目の指標によって作成されており，その中身をみると，①13個の基本的日常生活動作（basic ADLs）である身体機能項目，②7個の認知機能項目，③14個の行動変化項目，④10個の看護処置項目，⑤10個の再活項目となっている。特に①〜③の項目は認定申請者の主観的判断に大きく左右される可能性があると指摘されている[7]。その指標によって長期療養認定等級[8]が決定される。

---

6) 2010年度に障害者向けの長期療養保障制度を導入する予定で，モデル事業を行っている。

7) 鮮于悳（2008），「韓国老人長期療養保険制度の実像と発展的模索」，韓国社会福祉学会，韓日社会福祉セミナー発表資料。

8) 当初は，最重度と重度の認定者のみにサービスを提供して，後にA型以下の軽度者まで順次拡大予定であったが，最終的には軽度者を除いた3級の中等度者までを受給対象者とした。なお現況の政府の計画では，2011年度からは軽度者（非認定者）のなかで要介護度が相対的に高いとされるA型の一部を4等級とし，サービスを提供する予定である。

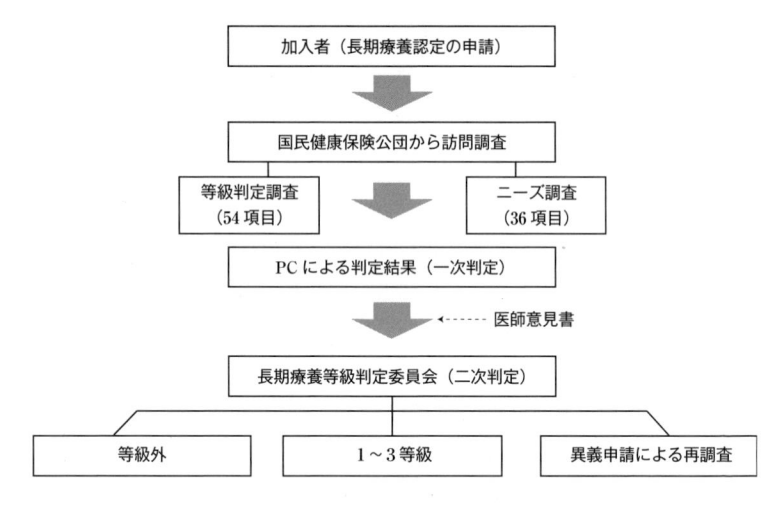

```
┌─────────────────────────────┐
│  加入者（長期療養認定の申請）  │
└─────────────────────────────┘
              ▼
┌─────────────────────────────┐
│  国民健康保険公団から訪問調査  │
└─────────────────────────────┘
┌──────────────┐      ┌──────────────┐
│  等級判定調査  │      │  ニーズ調査   │
│   (54項目)    │      │   (36項目)   │
└──────────────┘      └──────────────┘
              ▼
┌─────────────────────────────┐
│  PCによる判定結果（一次判定） │
└─────────────────────────────┘
              ▼    ◄----- 医師意見書
┌─────────────────────────────┐
│  長期療養等級判定委員会（二次判定）│
└─────────────────────────────┘
     │            │              │
┌─────────┐ ┌──────────┐ ┌──────────────────┐
│  等級外  │ │ 1～3等級  │ │ 異議申請による再調査 │
└─────────┘ └──────────┘ └──────────────────┘
```

図3-1 長期療養認定等級の評価判定の流れ

　認定評価判定者は一次的に訪問調査者であり，長期療養必要状態を把握する役割を果たしている。訪問調査者は保険者に所属する職員として調査研修教育をうけた社会福祉士，あるいは看護師である。そして，一次判定の結果書と医師所見書を参考にして二次的に長期療養等級判定委員会で最終等級（care level）を確定する（図3-1参照）。これと関連して，一次訪問調査時には，前述した54項目以外にサービス欲求項目も一緒に調査されるが，これは標準的ケアプランを立てるときに参考とされる。

　制度導入以後1年目の段階で既存等級者に対する再判定をした結果，相当の認定者が従前より低い等級で認定されたケースが発生している。この結果から専門家の一部は，訪問調査は，ドイツにおいてはMDSという第三者機関が調査を担当していることを挙げ，第三者の立場にない保険者（公団）所属職員が行うことは避けるべきだと指摘している[9]。

　さらに痴呆老人の認定問題が今後の改善課題として残っている。韓国

の制度は最初から軽度者を除外したので,相当の軽症痴呆者が等級外と判定される可能性がある。2008年度の痴呆老人の有病率は8.5％で,認定者率が老人全体の5％となっており,運動機能を持っている軽症痴呆老人が除外されたことがくみ取れる。したがって,軽症痴呆老人に対する生活支援策が求められる。

一方,長期療養認定部門で問題として指摘できるのは,調査項目の中身と等級判定委員会の設置である。まず,調査項目については身体機能状態のみを中心にして調査するドイツ式とは違って,日本式を倣っているが,現実的に看護処置と再活(リハビリテーション)の項目の必要度が低く現れていることが挙げられる。その主な理由として,それらの項目は身体的や認知的機能状態の評価というよりは,むしろサービス欲求に該当するものであるからである。したがって,今後は身体的および認知的機能を中心とした項目に基づいて療養認定等級を決めるように改編すべきであるし,身体的および認知的機能状態を表す項目も現行より細分化する必要がある。

③ 長期療養サービス利用支援・給付内容と実態

申請者が3等級以内の認定を受けると,保険者は認定者に等級認定書と標準長期療養利用計画書[10]を渡して,サービス利用を支援する。ここで,標準長期療養利用計画書とはサービス利用における必要な手続き,給付種類と内容,サービス利用の月限度額などが書いてある一種のガイドラインであり,ケアプランを目的として作成されたものではない。し

---

9) 著者の個人的考えとしては,さる1年間の経験を活かして訪問調査者の調査技術が向上したこと,以前には提供されなかった介護サービスを受給したことで,サービス利用者の健康水準が改善した影響もあると考える(金チャーンウ(2008),「老人長期療養保険制度の等級外者の現況と関連政策方向」,2009年春季全国老人福祉館大会・韓国地域社会福祉学会発表資料)。

10) 一次モデル事業の時には強制的なケアプランを作って提供したが,ケアプランの作成費用,ケアマネジャーの養成,毎月のサービスモニタリングなどの理由があってケアマネジメントシステムを導入しないようになった。しかし,最近,何らかのケアマネジメントシステムを構築しなければならないという動きが出始めている。

たがって，サービス事業者にとっては公式なケアプランは作成されず，それを参考にすることはあまりにも少ないと言われている。それで，認定者は適切なサービス利用に対する判断能力が十分でないので，サービス供給者の意向通りにサービスを利用する可能性が高いといえる。現実にもサービス利用費用の負担がない国民基礎生活保障受給権者（略して，基礎受給権者）のサービス利用率が高く示されたので，必要以上のサービスが提供される可能性が高い。

　長期療養サービスと関連した問題点としては2つ指摘できる。一つは，給与種類の拡大問題である。現在，療養病院での看病費と訪問再活サービスは支給されていない。医療ニーズが高く施設での保護が困難な認定者や家庭での再活により地域で長期間住み続けることが可能な認定者のことを考慮すると，給与拡大は必要である。ただし，療養病院の施設環境が劣悪で，訪問再活サービスも標準化されていないことがあって，その改善が先決である。特に老人療養施設に入所できない3等級の認定者，あるいは等級外が主に療養病院に入院する傾向が見られるので，早急に解決すべきである。

　もう一つは，施設における保健医療サービスの充実問題である。韓国における老人の場合，約9割が少なくとも1個以上の慢性疾患にかかっており，施設や在家（在宅）でも疾病管理が基本的かつ必須的なサービスとなっている。現在診療，看護，再活（リハビリテーション）などの医療サービスは医師の指導監督下で提供されているが，医師による在家訪問診療は療養保険制度で認められていない。また施設での医師診療は嘱託医や協力医療機関に勤める医師によって担われているが，大規模施設を除くと，中・小規模施設では質の高い医療サービスが期待できない状況である。今後より多くの重症の慢性疾患に罹患する認定者が施設に入所する可能性は高まっており，これまでと異なり病院への往来が頻繁になることが予想されるので，医療（健康保険）と長期療養（療養保険）の連携体制が構築されるべきである。したがって，施設においての

看護師による看護サービスが提供できるように看護マンパワーを強化すべきであろう。

④ 長期療養給付費用の支払い方式と実態

長期療養給付費用（長期療養サービス報酬）の支払基準は長期療養給付サービスの類型によって異なるが，現行の長期療養給付費用は給与類型にしたがって提供時間当たり，1回当たり，日当たり一定額方式で算定するようになっている。基本的には訪問型給付（療養，沐浴および看護）は時間当たりサービス報酬，長期・短期施設給付は等級別サービス報酬が適用されている。これは重度であるほどサービス提供の資源所要量が多くなるので，金銭的補償も高く与えられるべきだという基本原理に基づいているからである。このような給与支払い方式は長期療養機関間における施設環境およびスタッフの差がないことを前提にしている[11]。現在は4種類の長期入所用老人療養施設が存在しているが，旧法の老人療養施設は経過措置期間（5年間）が終了したあとには全部新法の老人療養施設に転換しなければならないことになっている。しかし旧法が適用された老人一般療養施設の多くは施設構造的な特徴のために再建築しない限り，新法の老人療養施設への転換は難しいと言われているので[12]，これからの対策が求められている。

施設環境に関することより，いっそう深刻なのは施設間における専門人力（専門職マンパワー）の配置の差異である。ここで専門人力とは，社会福祉士，看護人力，PT・OT，栄養士，療養保護士（ホームヘルパー，あるいはケアワーカー）など，国，または自治体の資格証を必要

---

11) 勿論，老人療養施設の場合は旧法，あるいは新法に従うかによってサービス報酬が異なっているが，それ以外には差がない。
12) 旧法では老人専門療養施設と老人一般療養施設に分けられていて，施設環境とか職員配置基準がお互いに異なっている。また老人一般療養施設には政府政策によって養老施設が転換されたものが沢山含まれている。（鮮于悳，他．「老人長期療養保険制度の導入に伴う老人療養施設の経営戦略方案」．韓国保健社会研究院；2007.12.）

とする従事者をいうが、施設間における差がかなり存在する。その中で、社会福祉士（1級）は2級[13]の社会福祉士、そして看護師は看護助務士に代わることができることになっているが、多くの施設が専門性の足りない人力を雇っている現状にあり、再活（リハビリテーション）関係のPTを雇用していない施設も依然として存在している。それにも関わらず、長期療養サービス報酬はそのような事情を大きく考慮せず支払われることから、質の高い専門人力を確保していない施設に対して相対的に過多の支払いがなされることになる。反面、基準以上の専門人力を確保して良質のサービスを提供する施設にとってはむしろ経営圧迫をうける結果を起こす可能性もある。

したがって、これからは長期療養機関における施設環境や専門人力の確保などを考慮してサービス報酬も等級別に支払われる方式を開発しなければならない。ただし、懸念するのはサービス報酬が、現在時点では福祉施設の発展を妨げる可能性や、良質なサービスを提供できないようにする要因となる懸念もある。しかし、少なくともケア人力（療養保護士と看護師）に限っては、長期療養サービス報酬の等級別適用は必要だと思われる。その理由として、以前とは異なり老人療養施設への入所者は重度者に変わりつつあり、ケアの手間がより多くかかるようになっていることを考慮しなくてはならないからである。以上の状況を踏まえ、サービスの質の問題が議論されてきたので、今年（2009年）の下半期から全国の長期療養機関を対象としてサービス・質の評価調査が実施される予定である。

⑤ 長期療養関連インフラの実態

2009年5月現在、老人療養施設の数は表3-1のように2,016ヵ所、

---

13) 2級の社会福祉士は社会福祉士1級の国家資格試験で不合格となった場合、2年制大学を卒業した場合、あるいは社会福祉専門大学院・行政大学院で改めて社会福祉学を専攻してから卒業した場合に与えられるが、施設の大部分は2年制大学を卒業した者を雇っている。

第3章　韓国における高齢者健康・介護政策の実態と今後の改善課題　67

表3-1　長期療養施機関の増加状況　　　　　　　　　　　（単位：個，％）

年度	療養施設	在家サービス事業者				
		訪問療養	訪問沐浴	訪問看護	昼夜間保護	短期保護
2008. 6	1,271	1,857	719	321	504	229
2009. 5	2,016	6,031	4,271	688	925	1,020
増減率	158.6	324.8	594.0	214.3	183.5	445.4

資料：保健福祉家族部

　施設定員数は76,216人，施設現員数は62,677人となっている。したがって施設保護率は全体高齢者の1.5％程度である。これは療養保険制度が導入された直前と比較すると，大きく増加したことになるが，OECDの平均値の5％には程遠い水準である。特に伸び率が目立ったのは訪問沐浴（5.9倍）と短期保護サービス（4.5倍）であるが，その背景としては訪問沐浴サービス単価が他のサービスに比べて相対的に高いことがあげられる。また，短期保護サービスは老人療養施設に入所ができない3等級者など，希望する療養施設への待機者が長期間（最大6ヵ月間）利用できることがその要因としてあげられる。

　施設インフラの地域間における不均衡が生じている。大都市地域には小規模施設が多数設置されている反面，中・小都市や農村地域ではより大規模な施設が設置されている。したがって，大都市では相当の認定者が施設入所のために待機している反面，農村地域では空室がたくさん発生する状況にある。概ね首都圏内に設置されている施設は満室傾向だが，入所施設の数が過剰となった地域では，その影響を強く受け，在家（在宅）サービスに対するニーズが不足となり事業所経営が苦しくなるといった現象も認められている。これは施設設置が行政からの許可制ではなく申告制となっていることから，条件だけ合致すれば誰でも設置可能なこと，地域ごとのインフラ量を規制する指針も存在しないことによるものである。特に訪問型サービス事業所は施設の設置基準が緩和され

ており，運営資格を保有していれば誰でも開所は可能であるが，まだ企業型事業所といった形態にはなっておらず経営的には困難なケースが多数見られる。

一方，長期療養要員である療養保護士[14]は240時間（1級）と120時間（2級）の教育を履修すると，療養保護士教育機関で市道知事からの資格証を自動的に取得できる。療養保護士とは，制度導入にあわせて創設された介護専門職員に関する資格であり，日本でいえば概ねヘルパー資格（2級）に相当する。この人力は大学で養成されるのではなく，専門学校のような療養保護士教育機関で養成されるので，教育機関の質が問われている。しかし療養保護士の報酬水準は低く，労働強度も高いので，若者たちからは忌避されている。これから良質の介護人力を長期的かつ安定的に確保する方策をドイツや日本など先進諸国の経験を通じて考えるべきであろう。

3. 高齢者健康増進および維持政策の内容と運営実態

療養保険は健康保険制度のようにいったん保険事故，即ち疾病や傷害（健康保険），身体的・精神認知的機能の障害（療養保険）が発生しないと，保険給与を受けることができない制度である。言い換えると，健康保険制度や療養保険制度は社会統合的次元で，健康な加入者がそうではない加入者に所得を移転させる一種の分配的機能をもつ社会保険である。したがって不健康な加入者が多くなるほど健康な加入者の保険料負担は不可避的に増大することから，事前に健康悪化要素を除去して良好な健康水準を維持することが望ましい。健康保険制度の場合，一時的に

---

14) 1級の療養保護士は身体ケア（self-care, personal care）と家事援助サービス（domestic services）を提供することができるが，2級の場合は家事援助だけを提供することができる。2009年5月現在，資格所持者の数は456,633人であるが，現場で働いている者の大部分が40～50代の中年女性であるとされる。

悪化した被保険者の健康水準を短期間に正常な健康水準に回復させる役割を果たしていると考えられるが，療養保険制度は保険事故が発生して受給者になると，正常な状態への回復はあまり期待できず，保険事故の終了を意味する死亡まで給付が続行することから，保険財政運営は厳しさを増す。結局，療養保険制度の財政安定化のための最も有効な方策は，保険事故が起きないように，あるいは遅延させることで，サービス受給者の数を適正に維持することである。

以上から，身体的・精神認知的機能の障害（療養保険の対象）の発生を抑制する，いわゆる長期療養予防事業が重要である。一般に身体的・精神認知的機能障害の発生要因は，脳卒中，関節炎，高血圧などの慢性疾患，落傷・骨折，痴呆および老衰であるといわれているが，このなかで自然的な老衰を除くと，残りの要因は予防，または縮小させることが可能である。この点に関連して憂慮されるのは現在の韓国における再活サービスの状況がきわめて不適切であるということである。たとえば，急性期ケア施設（総合病院）は存在しているが，回復期ケア施設[15]が設置されていないため，十分機能の回復がなされない状態で長期療養対象者となってしまう状況がある。

現行の療養保険制度では等級外（非認定者）を点数に基づいてA型，B型，C型と名づけ，予防サービス対象者として管理しているが，そのサービス内容をみると，地域保健所に働く訪問看護師による訪問健康管理サービス，一人暮らし老人への安否確認などの見守りサービス，家事看病サービスなどである。しかし現在のところ，国から支援される非認定者は低所得者に限定されるため，一般所得者が政策の谷間に置かれていると言える。それに加えて虚弱老人を対象とした運動，筋力トレーニングおよび栄養管理といった健康づくりサービスも活発に実施されてい

---

15) もともと医療法では療養病院が回復期患者を取り扱うようになっているが，実際には看護とリハビリ関連の人力問題，診療報酬問題で，ほとんどの療養施設は回復期ケア患者を診ることができていない。

るとは言い難い。したがって、保険者（公団）と自治体との事業連携模型を構築することが求められる。たとえば、非認定者に対しては自治体が、虚弱老人に対しては保険者が各々責任をもって管理するといった型が考えられる。

(1) 老人健康増進制度の主要内容と運営実態

老人健康増進事業は地方自治団体の保健所と国民健康保険公団で行われている。しかし、保健所での高齢者健康増進事業はライフサイクル別健康増進事業の一環として全国で施行されている。老人健康増進事業は運動および栄養支援プログラムを中心とし、それ以外に疾病管理負担の軽減、および脆弱（虚弱）階層支援対策、日常生活遂行能力の向上と障害予防対策が含まれている。特に、日常生活遂行能力の向上が老年期における健康増進事業の内容として設定されていることが目立っている。

一方、保健所での老人健康増進事業は2005年度に別の健康増進事業予算が策定されてから本格化し始めた。その後2006～7年の間に全国市道別に1ヵ所ずつ（全16ヵ所）選定して老人健康増進ハーブ保健所示範（モデル）事業を推進する過程で老人に特化した健康増進プログラムを開発・適用したことがあり、2008年度からは地域特化健康状態改善事業の一環として体系的に施行されている。しかしながら、体系的な老人健康増進事業が始まったことはハーブ保健所示範事業時期からと見られるが、当時は保健所ごとに老人に適合した健康運動プログラムを独自に開発・運営しており、一部の保健所では健康状態をも考慮しながら特化したプログラムを運営していた。たとえば、2007年度の示範事業時期においては身体的機能がよくない虚弱老人向けの筋力強化運動プログラムを実施したことがある。しかし、2008年度からは虚弱老人だけでなく一般老人も含めてさまざまな老人健康運動および栄養改善プログラムが施行されている。ただし、健康増進事業の4大プログラムと言われる運動、栄養改善、節酒および肥満管理事業の実施現状をみると[16]、保健

所全体の1/3が運動プログラムのみを実施しており，運動及び栄養改善プログラムを同時に実施する保健所は2割水準にとどまっている。

また，保健所には老人および障害者を対象とする「マチュム型」と呼ばれる訪問健康管理事業が実施されており，その内容をみると，①脆弱家族に対する健康管理，②脆弱階層の女性および児童に対する健康管理，③脆弱階層の中で虚弱老人，敬老堂（日本でいう老人憩いの家）を利用する老人を対象とする機能強化，疾病予防および健康管理，うつ病と認知症管理，失禁予防，落床予防などの健康管理，④脆弱階層の慢性疾患者とその保護者のための健康管理，⑤脆弱階層住民の健康生活習慣を集団管理する事業などがある。その中で，老人の日常生活動作機能を活性化させるためのものは虚弱老人を対象とした筋力強化運動プログラムと言えるが，これは周期的家庭訪問を通した運動指導が行われている。ただし，家庭訪問型筋力強化運動プログラムは集団的方式ではなく個別的指導方式なので，効果面からみると望ましくないと言われている。当事者も身体機能状態が運動に耐えられるほどの水準ではないので，プログラムも長い間続けられないという。

(2) 老人医療支援制度の主要内容と運営実態

第1に，老人健康検診には老人福祉法によるものと，国民健康保険法によるものがある。前者は低所得老人を重点に，具体的には65歳以上の基礎生活保障制度の受給権者および最低生計費から120％以内の低所得者のなかで希望する老人と，その他保健所長が認定する老人に限られている。そのような健康診断は一，二次に分かれて行われる。このような健康診断事業における限界点は，疾病を発見することに集中した検査項目で構成されており，身体機能における障害危険因子をもつ老人を選

---

16) 鮮于悳，他，2008年度保健所老人健康増進プログラム評価研究。韓国保健社会研究院。2008.12

別することに必要な項目は含まれておらず，事業予算の不足により検診対象老人の数が限られていることにある。

国民健康保険制度では生涯転換期健康検診事業を2007年度から満66歳の加入者を対象として，そして2008年度からは医療給与受給権者を対象として実施している。特に，このような事業は既存疾病を重点とする選別的健康診断体系から個人別健康危険評価と積極的生活習慣（肥満，節酒，喫煙など）の改善相談まで含む事前的健康管理体系に替えたものなので，効果的な事業として評価されている。また，老人については身体機能（筋力，平衡性），日常生活遂行能力，認知機能障害，骨密度検査，視力，聴力検査などが加えられている。

このような生涯転換期健康検診事業は老年期に入ってきた66歳の老人を対象とした健康診断を導入して落床の危険なども含めた身体機能状態を評価し，認知機能障害を早期に発見することによって健康な老後生活を保障することが目的である。その理由は，66歳は痴呆などをはじめ，脳卒中，心筋梗塞など致命率の高い老人性疾患が増える年齢にあたり，落床，認知障害など老人性生活危険が増加し，身体機能が低下する時期にもあたるからである

第2に，保健所で痴呆早期検診事業が実施されている。これは痴呆にかかる危険に露出される60歳以上を対象に早期検診を実施し，早期発見することで痴呆老人およびその家族のQOLを向上し，痴呆と診断された患者の登録管理を行うことである。まず，事業対象者は60歳以上のすべての老人としているが，基礎生活保障受給権者および医療給与受給権者などの低所得層を優先することを原則としている。事業予算は痴呆選別検診の場合，自治体が賄っており，痴呆診断検査と痴呆鑑別検査の場合は国から半分補助される。

第3に，老人の一次保健医療事業として看護師による訪問看護サービスがある。これは，自治体の保健所で実施する訪問看護サービス（「マチュム型」訪問健康管理事業）と，一般病院で実施する家庭看護サービ

スがある。前者は長期療養保険制度の導入をきっかけに療養等級外と認定された老人に重点が置かれている。既存サービスにはある程度の看護型身体介助も含まれたので，老人に好まれたようだが，現在は健康次元での相談や持続的な健康教育および健康チェックしか提供されていないので老人のニーズに合わない点がある。したがって，訪問看護師をも含めた医療専門家による機能維持プログラムを開発すべきである。家庭看護サービスは2001年度から施行され始まっており，病院の担当医師が早期に退院した患者，また入院可能性のある患者のなかで継続的治療や看護が必要とされる患者に家庭専門看護師が患者家庭を訪問して提供する。これは家庭看護サービスを通じた治療と看護管理を行うことにより患者の疾病と障害からの回復を図り，長期入院や必要でない入院による医療費を節減することができる入院代替サービス制度として提供されている。また，家庭看護サービス費用は月8回限度で保険給与として支払われるが，それ以上のサービス費用は患者本人が全額を支払わなければならない。

第4に，老人に対する慢性疾患管理事業として高血圧・糖尿病管理事業がある。これは2000年度に一部の保健所中心の示範事業として始まり，いまは全国自治体保健所が実施しているが，最近の調査によると，心筋梗塞，脳卒中，痴呆などの重症疾患が非常に増加したうえで，既存の高血圧・糖尿病管理事業に対する効果性が議論されている。実際に高血圧・糖尿病の持続的治療率は各々22.2％，29.2％と示されており，糖尿病の3大合併症検診率も非常に低い水準であった。そのような問題点があって，現在は既存の高血圧・糖尿病管理事業は心・脳血管疾患高危険群予防管理事業に転換して実施されている。

最後に，老人機能再活治療事業がある。既述したように老人が一般的にかかっている疾患は関節炎，高血圧症，神経痛と調査されており，これらは日常生活活動の制限を来している。特に脳卒中などの脳血管疾患老人の中で，41.6％が再活ニーズをもっているとされるが，現在は再

活施設が非常に足りないと言われている。大部分の高齢者は急性期病院で短期間に再活治療が行われるだけであり，回復期再活サービスはほとんどなされないままで，老人は地域にある療養病院や，医院などの一般医療機関に通って，機能の維持のための再活治療を利用している。さらに，長期療養保険サービスの中で訪問再活サービスや通院再活サービスなどの在宅サービスは支給されていないので，日常生活動作の障害老人が意外に存在しているようである。

4. 高齢者健康・介護政策の問題点と改善課題

(1) 老人長期療養政策の改善課題

日本，韓国および中国において，公的介護保険制度を持っている国は日本と韓国であるが，両国間には制度の相違点がみられる。そのことを踏まえて改善課題を整理しよう。

第1に，利用者側からみると，保険給付を受けることができる要介護状態が異なっていることである。日本の場合は軽度の要介護者も公式にサービスを受けられるが，韓国の場合は逆に軽度の要介護者はサービスを受けられない。即ち，日本は保険財政の事情が悪化する可能性がある反面，韓国は安定した保険財政の運営を期待することができるが，軽度者が地域に放置されると，中長期的にみて，むしろ要介護者の増加を来す可能性がある。したがって，軽度の要介護者を管理する装置が必要とされる。また，介護サービス利用を支援する仕方が異なっていることである。日本の場合はケアマネジメントシステムが備えられており，大部分の利用者はケアマネジャーによる介護計画を参照しながら介護サービスを利用している。その反面，韓国の場合は保険者が作って利用者に渡す標準長期療養利用計画書があるが，一種のガイドライン程度の内容しか書かれていないので，保険者，利用者およびサービス事業者にも役立たないと言われている。結論的にいうと，モラルハザードを招かないよ

うにする機能を持った，また住み慣れた地域で暮らし続けられるために地域サービスの資源も念頭に入れた介護の計画およびマネジメントシステムが今後必要だと考えられる。

　第2に，保険者側からみると，安定的な保険財政を維持する仕方が異なっていることである。日本の場合，被保険者の範囲が40歳以上と定められているが，韓国の場合は20歳以上となっている。したがって，日本は財政安定のために被保険者の保険料が上がらないように財政全体の半分を国と地方自治団体が賄っていると考えられる。その反面，韓国は政府からの補助金も少なく，被保険者の保険料も相対的に低い水準で抑えられることができたと考えられる。しかし，介護サービスを受給する機会が少ない若い被保険者にとっては保険料が大幅に上がると，制度の不満が表出する可能性が十分ある。したがって，これから財政モニタリングシステムを構築して非効率的な財政支出を事前に抑制すべきである。

　第3に，サービス事業者側からみると，介護報酬方式は類似しているが，韓国の場合は日本と比べてよりシンプルである。これは韓国においては施設環境と設備水準が整備されていないので，やむを得ないと考えられる。しかし，中・小規模の施設においては報酬水準が規模の経済原理が効かないので経営が苦しいと言われている。したがって，真面目な中・小規模の施設経営者にはインセンティブを上げることができる施設の質評価が周期的になされる必要がある。

　最後に，政府側からみると，介護保険計画の樹立と施行方式が異なっていることである。日本の場合，自治体が周期的に介護保険計画と高齢者保健福祉計画を立てて介護保険制度を支援しているが，韓国の場合はまだそうではない。その理由として日本は市区町村が介護保険の保険者となっているので，保険の運営と支援に切れ目がないと言える。その一方，韓国の場合，介護保険の保険者と地域保健福祉計画の責任者がお互いに違っているので，安定的な保険運営が期待できにくくなっている。

即ち,地域間における介護施設インフラの間の衡平的設置を期待することができないので,現在事業者間における競争が激しいと言える。したがって,自治体が地域保健福祉サービスを充実するように誘導することができる地域福祉計画の中身を強化する必要がある。

そして,政府は長期療養の財政安定化方策に力を注ぐためには,相対的に費用の低い在宅給付サービスを拡大する体系を構築すべきである。ドイツの経験を生かして現金給付（cash benefit）を現在より拡大させることも考えられる。

結局,利用者が願っているサービスをできるだけ提供することができる介護保険制度にするように努力すべきであり,また介護サービスを利用しなくても老後を安心して過ごせる老人健康増進政策をつくるべきである。

(2) 老人健康政策の改善課題

韓国における老人健康政策は大きく分けると,医療費保障政策と健康増進・疾病予防政策となっている。韓国は健康保険制度が1989年度に一元化されており,定年による職場退職者になっても,自営業者になっても,後期高齢者になっても,一つの制度にそのまま留められているので,医療給付サービスの差はない。そのため,韓国における主な関心事は急性期治療段階の前後にあたるプライマリーケア,健康検診サービスおよび健康増進サービスと,回復期でのリハビリサービスや慢性疾患管理サービスをどうやって効率的,また効果的に提供することができるかに置かれている。そのことについてこれからの改善課題を述べたい。

第1に,老人に適合した健康増進プログラムを開発し,全地域に普及すべきである。現在は丈夫な老人のみに向ける健康運動プログラムが行われているだけなので,虚弱老人の健康維持のための身体活動プログラムが必要である。

第2に,老人に適合した健康検診プログラムを開発し,全地域に普及

すべきである。韓国老人の場合，大部分がすでに1つ以上の慢性疾患をもっているので，慢性疾患を把握するための健康診断は意味が薄い。したがって，周期的な集団検診の場合は生活機能障害状態やその危険因子を事前に把握することができるようにする方案を工夫すべきである。

第3に，地域社会に基づいたプライマリーケアシステムを構築すべきである。このためにはまず，老人主治医（かかりつけ医）制度が必要である。韓国の場合，農村の奥・僻地においては保健診療所が設置されており，看護師資格をもつ1人の保健診療員が勤務して，100世帯ぐらいの住民の健康を守っている。しかし，都市地域には保健診療員や老人主治医は置かれていない。特に老人の場合，複合的有病状態にあるので，多くの薬物を服用している。保健診療員は老人の薬物管理も担っているが，都市地域の老人は放置されているのが実情である。したがって，薬物服用と身体機能との間に深い関連性が存在するという観点からみても，地域社会で老人への疾病や医療的問題を把握し，管理することができるゲートキーパー制度を構築すべきである。

最後に，老人が自立した生活を営むためには身体的，また認知的機能を維持しなければならない。救急医療システムの構築は当たり前だが，急性期以後の医療サービスシステムが備えられていない。即ち，準急性期ケア（sub-acute care）システムが整えられていないので，急性期患者が治療を終えた後，完全に身体機能が回復されていない麻痺や拘縮状態のままで退院しており，既述したように機能回復のための訪問リハビリや通院リハビリも利用することができない。したがって，療養病院や老人専門病院を中心とする回復期リハビリセンターを設置する方案が必要である。

5. 結　論

高齢者にとって人口高齢化に伴う共通する生活のリスクは，今までは

3大苦痛といわれる貧困, 疾病および孤独であったが, これに加わって長期療養の必要な状態が挙げられている。特に日中韓3ヵ国における長期療養問題は時間差があるけれども, いつかは起こる共通するリスクと考えられる。ただし, そのようなリスクをどうやって対処していくかという課題が残っていると言える。

一般に, 老人長期療養保険制度の保険事故はあくまでも機能障害であるので, その障害によるケアニーズが存在しなければ保険給付が支給されない。主なニーズは身体ケアであるが, これはもともと家族が担ってきた行為である。いまも先進諸国や韓国にも介護の量に差があるけれども, 依然として家族がケアの半分以上を担っているのが現実である。このような現状はケアが保健医療サービスのように必ずしも専門的行為ではないからと言える。ヨーロッパ諸国における長期療養サービス（long-term care service）は, 社会サービスと呼ばれるが, このようなサービスは家族を含めて地域住民の生活と密接な関係があるので, インフォーマルケアを生かした枠組みにすべきだろう。しかしながら, 家族環境においても大きい変化が生じられてきたので, 家族介護というリスクも想像できる。家族介護を育成したほうが, そうしないことによる家族環境の崩壊を促すことより望ましい。そのような意味で, 先進諸国においてはよい家族環境の維持のために家族介護者ケア手当（carer's allowance）が支給されており, また専門的なケアワーカーの不足問題もある程度解消している。単純に介護リスクを公的制度のみに任しておくより, 家族や地域社会資源を活用して, 高齢者が住み慣れた家庭で, また地域で安心して過ごすことができるようにする公式的ケア（formal care）と非公式的ケア（informal care）を組み合わせた混合型介護システムを構築すべきである。

韓国の場合は老人長期療養保険制度が施行され始まったばかりなので, 制度を見直すのなら, なるべく早い時期に決断したほうが望ましく, 途上国に向けては家族, 地域社会および政府間における役割を分か

ち合えるシステムを組むべきである。

参考資料
〈韓国語〉
金ソンテ（2007），「老人療養病院運営の実態と今後の課題」，第40次大韓老人病学会秋季学術大会発表資料」

金チャーンウ（2009），「老人長期療養保険制度の等級外者の現況と関連政策方向」，2009年春季全国老人福祉館大会・韓国地域社会福祉学会発表資料

鮮于悳他（2007），「老人長期療養保険制度示範事業評価研究（2次）」，韓国保健社会研究院

鮮于悳（2008），"老人長期療養保険制度の長期持続的維持方案"，「保健福祉フォーラム」，1月号，韓国保健社会研究院

鮮于悳（2008），"老人長期療養サービスおよび老人保健医療サービス供給体系の整備"，「老人長期療養保険制度の導入に伴う地域保健福祉サービスの変化展望と課題」，韓国保健社会研究院

鮮于悳（2008），「韓国老人長期療養保険制度の実像と発展的模索」，韓国社会福祉学会，韓日社会福祉セミナー発表資料

鮮于悳 他（2008），「老人長期療養保障体制の現況と改善方案」，韓国保健社会研究院

元ジャンウォン（2008），「医師所見書の適用実態分析および効率的活用方案」，国民健康保険公団

張ゼヒョッグ（2008），"老人長期療養保険の推進現況と発展方向"，「保健福祉フォーラム」，8月号，韓国保健社会研究院

曺チュヨン（2008），"老人長期療養サービスと在家老人福祉サービス間の調整および再構築方案"，「老人長期療養保険制度の導入に伴う地域保健福祉サービスの変化展望と課題」，韓国保健社会研究院

催ウーンヨン（2005），「OECD国家の老人長期療養サービス体系比較と政策的含意」，韓国保健社会研究院

保健福祉家族部（2009），「老人長期療養保険施行1年の成果と今後の課題」，報道資料

韓国Gallup社（2009），「老人長期療養保険制度の利用者調査報告書」

韓国保健社会研究院・保健福祉家族部（2004），「2004年度老人生活実態及び福祉欲求調査」

Gabriel Arannovich, et al., *Coping with chronic disease? Chronic disease and disability in elderly American population 1982-1999*, NBER Working Paper No. 14811. March 2009

〈日本語〉

増田雅暢（編）(2009),「世界の介護保障制度」

増田雅暢 (2009), "韓国介護保険制度の施行状況",「月間介護保険」, 第 2 巻 第 158 号

金チョンニム (2009), "韓国の介護保険制度",「海外社会保障研究」, Summer No.167

第 4 章

中国の人口発展と養老リスク

王　偉

はじめに

新しい中国ができてからの人口発展を見ると2つの段階に分けることができる。

第1段階は，死亡率変動主導型の人口転換段階であり，1949年から1970年までを指す。その特徴として，1960〜63年の経済困難期の異常

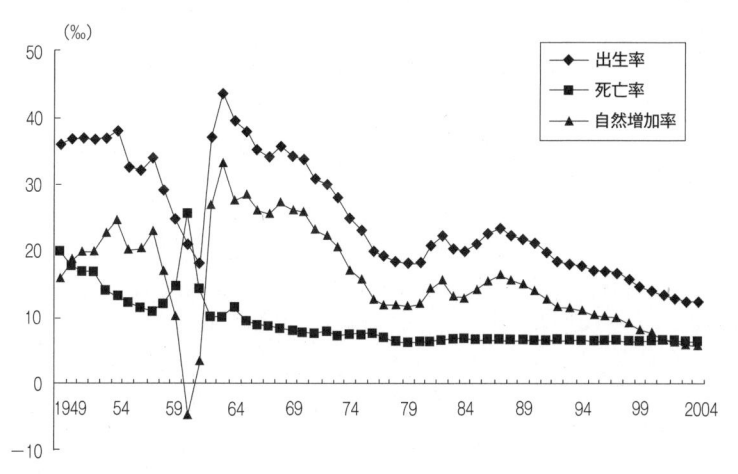

資料出所：中国国家統計局

図4-1　中国の人口変動（1949〜2004）

変動を除いて,基本的に死亡率が低下する一方,出生率は建国当初とあまり変わらず33‰から35‰の間を変動していた。

第2段階は,出生率主導型の人口転換段階であり,1970年代から現在までを指す。その特徴として,死亡率は低水準を維持し,出生率も低下している。

図4-1は1949年以降の人口変動のグラフである。1964年以降,出生率,死亡率,自然増加率は一貫して下がってきている(図4-1を参照)。

1. 出生率の変動から見る人口発展段階

出生率の変動から見れば,以下のような段階に分けることも可能である。

第1段階は,出生率急低下段階であり,1971年から1980年までを指す。出生率は30‰から20‰以下に大幅に急低下した。第2段階は,出生率の緩やかな低下段階であり,1981年から1990年までの10年間を指す。出生率は20‰の上方まで変動し,死亡率は大体6.6‰前後を維持していた。第3段階は,出生率は低水準,そして緩やかな低下段階であり,1991年から現在までである。出生率は大体20‰以下の水準を維持している。つまり,1990年代以後,中国の人口は低死亡率・低出生率・低増加率の時代,要するに第2の人口転換段階に入ったとも言える。

図4-2は1978年改革開放が始まった時から2007年までの総人口数と出生率の変動趨勢である。総人口は増加し続けているが,出生率は1987年以後,下がり続けている(図4-2を参照)。

図4-3は1978年から2008年まで30年間の人口出生率・死亡率・自然増加率の変動を10年間隔で示している。死亡率はそれほど変動がないものの,1988年を除いて出生率と人口自然増加率は下がってきてい

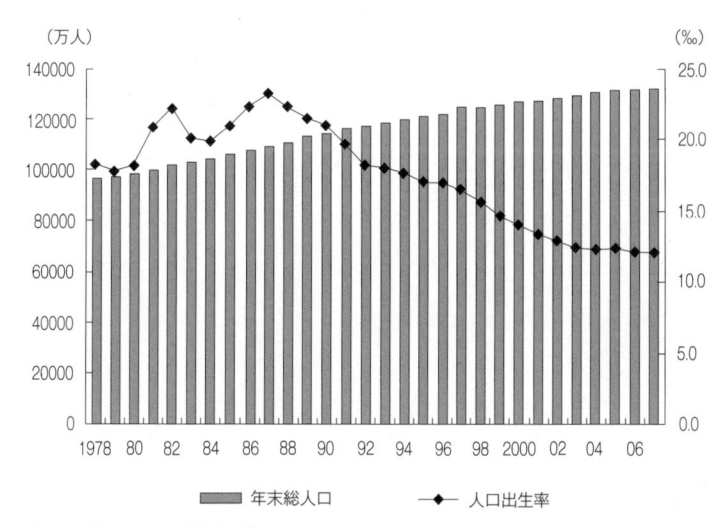

第 4 章　中国の人口発展と養老リスク　*83*

資料出所：中国国家統計局[1]

図 4-2　改革開放以後の中国人口出生率の変化

る。2008 年の出生率は 30 年前の 18.25‰ から 12.14‰ まで下がり，人口増加率は 11.45‰ から 5.08‰ まで低下した（図 4-3 を参照）。

一方，合計特殊出生率の方も一貫して下がってきている。1970 年代前までは，中国の合計特殊出生率は基本的に高水準を維持していた。1949～1969 年の合計特殊出生率は平均して 5.8 であった。1970 年代以後，合計特殊出生率は急激に低下し，1972 年には 5.0 以下に下がり，1977 年に 3.0 以下に下がった。20 世紀末には 1.8 前後まで下がった[2]。

---

1) 国家統計局：『2005 年全国 1 ％人口抽様調査主要数据公報』，
 中国人口信息網 http://www.cpirc.org.cn/tjsj/tjsj_cd_detail.asp?id = 6543）
2) 国家統計局：『人口総量適度増長結構明顕改善』，
 http://www.stats.gov.cn/was40/gjtjj_outline.jsp

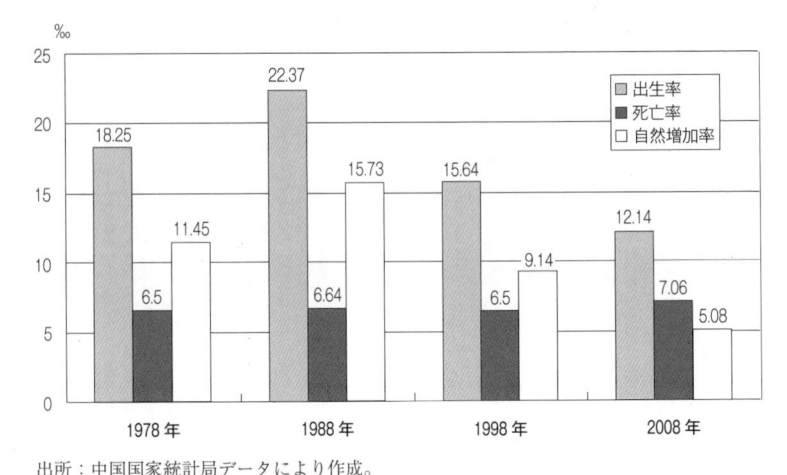

出所：中国国家統計局データにより作成。

図 4 - 3 1978～2008 年までの人口出生率・死亡率・自然増加率の変動

2. 人口の構造変動と養老リスク

　人口学的な転換に伴い人口高齢化が次第に加速している。新中国ができてから5回の人口センサスが行われたが，第1回（1953年）と第2回（1964年）人口センサスの時は，中国の人口年齢構造は基本的に若年型であった。1970年代に入ってから一人っ子政策により，人口出生率が下がり，子ども人口の割合が低下し，老年人口の割合が上昇して，人口年齢構造の転換が加速した。1982年に第3回の人口センサスを行った時に，中国の人口年齢構造は成人型になりかかっていたが，1990年の第4回センサスの時は中国の人口年齢構造は典型的な成人型に変わった。1990年代以後，中国の人口構造は高齢化が進み，老年型に変わり始めた。2000年に第5回の人口センサスを行ったが，65歳以上人口は8,811万人に達し，全人口の7.0％を占める[3]（表4-1を参照）。

　2005年に全人口1％サンプリング調査によれば，2005年現在，中国

表4-1 中国の人口の構造変化

年度	0~14歳人口（％）	65歳以上人口（％）
1953	36.3	4.4
1964	40.7	3.6
1982	33.6	4.9
1990	27.7	5.6
2000	22.9	7.0

出所：国家統計局資料

の60歳以上の人口は1億4,400万人であり，全人口の11％以上を占めており，そのうち，65歳以上人口が1億45万人であり，全人口の7.69％を占めている[4]。国連の定義によれば60歳以上の人口が10％，65歳以上人口が7％を占めれば高齢化社会ということなので，中国全体で見ると既に高齢化社会に入っているといえる。

また，2008年の人口変動サンプリング調査によれば，2008年現在，中国の65歳以上人口は全人口の8.3％を占めている[5]。2000年のセンサス・データと比べると，65歳以上人口は2005年は約0.7ポイント，2008年は1.3ポイント増加した。中国の高齢化は速いテンポで進んでいることを物語る。さらに，今の予測では2020年に中国の65歳以上人口は全人口の11.2％を占め，2040年代にピークの3億2千万人に達し，全人口の22％を占めるようになる[6]。

中国の人口高齢化は3つの特徴を持つ。第1に，高齢者人口の数が多

---

3) 国家統計局：『人口総量適度増長結構明顕改善』，
 http://www.stats.gov.cn/was40/gjtjj_outline.jsp
4) 国家統計局：『2005年全国1％人口抽様調査主要数据公報』，中国人口信息網，
 http://www.cpirc.org.cn/tjsj/tjsj_cd_detail.asp?id=6543
5) 国家統計局：『2008年国民経済と社会発展統計公報』，
 http://www.chinapop.gov.cn/wxzl/rkgk/200903/t20090309_166730.htm
6) 李斌：『由控制人口数量転向統籌解決人口問題』，『中国経済週間』2008年第42期，13ページ。

い。2008年現在,65歳以上人口は1億1千万人に達しており,日本総人口の規模に近い。第2に,高齢化のスピードが速い。中国の人口構造は成人型から老年型になるのに18年しかかからなかった。日本よりも速いテンポである。第3に,人口高齢化は経済発展より進んでいる。先進諸国では経済が発展した時に高齢化が始まったので,それなりの適応能力が備えられていたが,中国の人口高齢化は出生率の急低下によるものであり,国がまだ豊かになっていないうちに高齢化が起こったものなので,まだ十分な対応能力は備えていない。

3. 家族と養老リスク

中国では,儒家の「孝」文化の影響により,伝統的に家族による高齢者扶養は一般的に行われている。しかし,このような扶養方式はある程度複数の子どもがいることを前提にしているので,出産制限人口政策の実施により「少子化」が進む今,改革開放による社会変動・家族規模の縮小・若年層人口移動の増加などとあいまって,家族による高齢者扶養はリスクとそれに対するチャレンジに直面している。

家族と高齢者扶養についていうなら,今,中国の家族を次のように分けることができる。

第1に,「優勢家族」である。つまり,2人以上の子どもがいる家族のことである。このような家族では子どもの数が多いので,比較的に養老リスクが少なく,高齢者扶養の面では「優勢」を持つ。第2に,「劣勢家族」である。女性のみの家族のことである。中国の習慣では男の子が親を扶養するので,女の子は親扶養にあまり役に立たないという発想である。また,「劣勢」とは子どもを指すだけではなく,親が女性のみというのもある。その意味で女性のみの「欠損家族」も入る。第3に,「リスクのある家族」である。これは一人っ子家族のことである。このような家族では子どもの若死や重病リスクや,一人立ちできずかえって

親の負担になるリスクがあり，そのリスクが発生した時に，その親を扶養することができなくなってしまうので，必然的に養老リスクが発生する。

第4に，「空の巣家族」——老夫婦のみの家族——である。特に農村部では「空の巣家族」が若年余剰労働力の都会への移動と共に増えている。都市部でも「空の巣家族」は存在するが，年金や医療保険がある場合が比較的に多いので，農村部ほど問題ではないが，医療保険や年金制度が整備されていない農村部では，「空の巣家族」老人は経済収入も少なく，日常生活の世話も欠けており，早急に解決を要する問題になりつつある。

4. 人口政策をめぐる議論

人口高齢化に伴う高齢者扶養などの問題に鑑み，近年，今の人口政策を見直すかどうかについて議論されている。

見直しに賛成する議論としては，第1に，都市部農村部を問わず，一人っ子同士が結婚した場合には，2人の子どもが生まれてもいいという考えがある。実際，今，一部の地域ですでに実施されている。建て前ではまだ一人っ子政策であるが，特別な事情によっては2人まで産めるようになっている。第2に，3人目を制限し2人目を保障するいわゆる「限三保二」の議論である。つまり，3人目の子どもはだめだが2人目までは許そうという考えである。第3に，農村部では夫婦片方が一人っ子なら2人の子どもを産んでもいいという考えである。第4は，生育の多様性を保護し，次第に2人目の子どもの出産を許す，第5は，都市部で出産を完全に自由化するという考えである。北京や上海などの都市部では人々の意識も変わり，DINKSなどの家族もたくさんあるので，自由化をしても多分産まないだろうという考えである。

見直しに反対する議論ももちろんある。第1に，中国の経済発展水準

や資源配分・人口素質向上などの要因から，今の一人っ子政策を厳格に実施する。つまり，都市部も農村部も一人っ子を徹底し，特別な事情がある場合，2人目の出産を許すが，3人目を断固禁じ，出産しない家庭を奨励するとの提唱である。中国の現行人口政策は，1970年代から経済発展を優先させるために実行されたものである。経済優先の政策の中で人口を低減して経済を発展させてきた。しかし，建て前では一人っ子政策であるが，農村部とか貧しい地域ほどこの人口政策は守られていないところが少なからずある。実際にはいま毎年800万から1,000万人の規模で人口が増えているので，さらに出産制限を厳しくしなければ，中国経済の持続的な発展はできない。このような事情がこの種の議論の背景にある。第2に，グローバルな視野で人口問題を捉え，中国の人口総量を抑え，現行の人口政策を堅持する議論である。その根拠としては，世界的に見て少数の先進国と地域では出生率は人口代替水準以下になっているが，世界総人口は現在毎年7,000万人のテンポで増えている。中国は世界全人口の1/5強を占める大国であり，気候温暖化・環境悪化・エネルギー資源や水資源不足の状況下で，まだまだ一人っ子政策を緩和する段階になっていない。むしろ，中国はより豊かな国になるために今の人口抑制政策を維持し，より多くの家庭が一人っ子を産むことをさらに奨励し，人口のゼロ成長プロセスを速めなければならない。

5. 中国の人口発展目標

さまざまな議論の中で，中国の国としての人口政策は変わるであろうか。

国務院新聞弁公室は2000年12月に『21世紀における中国の人口と発展』白書を出した。それによると，中国の人口発展目標は，2010年の総人口を14億人以内に抑え，21世紀半ばには総人口はピークの16億人近くに達するが，それから下降するとしている。

その後，国家人口と計画出産委員会が2006年12月に発表した『全国第十五次人口と計画出産事業発展計画』では，出生率の低水準確保を目標として掲げ，2010年に合計特殊出生率を1.8前後，総人口を13.6億人に抑えるとしている。さらに，国務院は2006年12月に『人口発展「第十五」と2020年計画』を発表し，人口発展目標は第十五計画では総人口を13.6億人以内に抑え，2020年に14.5億人前後に抑えるとしている。

このように，中国の21世紀における人口発展目標は低水準出生率の安定を保ち，総人口のピークを15億人以下に抑えることである。中国ではいろいろなシミュレーションの結果が，15億人以上になったら中国経済は持続的な発展はできなくなってしまうので，人口発展目標は15億人以下に抑えなければならないとされている。今，年間800万人から1000万人増加しているので，合計特殊出生率は1.8で推計すれば，2010年には13.6億人前後，2020年には14.5億人，2030年前後にはピークの15億人に達する。

この基本的目標の下で，目下，中国人口政策には大きな転換はあり得ず，現行人口政策の安定性・持続性を維持のために，一人っ子政策を保ちつつ，人口の増加を有効的にコントロールしていくであろう。ただ，人口政策のマイナス影響を緩和するために，また，地域によって事情も発展段階も違うので，ある程度の微調整はしている。たとえば，一人っ子同士の結婚の場合は2人の子どもが産める。農村部においては，1人目が女の子の場合は —— 農村部では男の子が重要視される習慣があるので，皆，男の子を欲しがる —— 2人までは許される。要するに，全体的な政策の安定を維持し，特別な事情に柔軟に対応する微調整を行っていくと思われる。

その一方，人口政策による高齢化の進行に伴う農村部の高齢者扶養問題については，社会保障制度の整備を始めた。2009年に新型農村養老保険の試行が始まった。これはまず2009年に10％の県で（中国の

2,600前後の市や県の10％なので260ぐらいの地域で）まずモデル事業としてやりはじめ，2020年前後には中国全体に普及させることを目指している。

これまで，基本的に農村部では農民は自分で保険料を納めて自分の口座に入れて，老後に引き出して養老に充てることとして，国は面倒を見なかった。しかし新型農村養老保険は基礎養老の部分は国が負担するようになった。国家責任が明確になったことが一番大きな特徴である。

具体的には，個人・集団，地方政府や郷，政府，この三者から積み立てる事業が新型農村部の養老保険である。また，基礎年金部分と個人口座部分の両方があるが，基礎年金部分については，国の予算から拠出し，個人口座については自分の保険料と地方政府の手当がこの部分に入る。この両方から農村部の新型養老保険が成り立つ。

今後，今の人口政策を維持しながら，社会保障，特に養老年金の部分は，政府が多くの責任を持つようになっていくだろう。

第 5 章

中国の高齢化対応
―― 都市部の社区の役割 ――

趙　　剛

はじめに

　中国の高齢化問題を理解しようとするとき，忘れてはならないことがいくつかある。その一つは社会制度が日本と大きく異なっていることである。中国では国民年金，国民健康保険，といった公的社会保障・福祉制度の発達がなお不十分であり，したがって高齢者（中国で高齢者というと日本の概念と違いかなり年齢の高い人を指し，日本の高齢者に当たる概念は老年者に近いが，この論文では日本の概念に合わせて用いる）に対するケアも当然異なった形を取らざるを得ない。中国では国家レベルの制度を補完するものとして，「社区」と呼ばれる半官民自治組織が高齢者のケアに大きな役割を果たしている。本章では，都市部における社区に焦点を当てて，現代中国において一般国民レベルで高齢者問題が現実的にどのように対処されているか解説する。

1. 社区とは

　社区という言葉は中国独特の言葉で適当な日本語訳がないが，とりあえずここではコミュニティあるいは自治会，すなわち，政府という行政と民間団体の中間を取り持つ組織としておこう。

　日本では，老人ホームや福祉サービスセンターがあって，社会福祉法

人，組合法人，民間非営利法人，民間企業等が運営を行っているが，中国では，施設やサービスセンターを運営する社会福祉法人のような組織がまだ存在しない。では社会的に弱い立場の人をどう助けるのか。そういうことを行っているのがまさしく社区であり，その主な仕事内容は高齢者を含めた弱い立場の人々のケア（照護）であるといってよい。

社区はもともと外来語であって，古くからの中国語ではない。もともと社会学の概念としてドイツ人のテンニエス（F. J. Toennies）が1881年に発表したGemeinschaftという概念があり，これを，1932年，費孝通という中国屈指の社会学者が「社区」という言葉に訳して中国に導入したのが始まりである。その内容について費孝通は「社区とは若干の社会集団（家庭，民族）若しくは社会団体（機構，組織）が一つの地域に集まり，生活環境が互いに影響するエリアである」[1]と定義している。

その後，社区の定義は何度も更新され，現在はおおむね次のような理解となっている。

① 社区は即ち地域社会であって，人々が感覚で感じる具体化された社会である。

② 社区とは一つの地域に集まって，互いに直接若しくは間接的に共通する文化概念を持って形成する生活共同体である。

これはいずれも一般的な概念であるが，実際には中国では法律によって社区が特別に定義され位置づけられている。

まず，憲法において社区は次のように定義される。

「憲法第111条：社区とは，都市及び農村の居住民がその居住地域に設立する住民委員会または村民委員会は居住民の自治機構をいう。」

日本では，自治会や町内会があるが，それとは若干性格が異なるので，後ほど詳しく説明する。そして，この住民委員会については「都市居住民委員会組織法」により，居住民が自己管理，自己教育，自己サー

---

1) 費孝通著『社会学概論』，天津人民出版社，1984年5月。

ビスを行う居住民の自治組織であると定義されている。あくまでも自治ということが強調されている。

まず社区を理解するために社区と行政（街道）との関係を見ておこう。中国語で言う「街道弁公室」は日本の市役所の出張所に相当する。街道弁公室とその下に位置する社区とは，上下の関係ではなく，協力と指導の関係にあることが法律によって決められている。その組織の仕組みの中身を見ると，まず共産党の支部組織及び住民の自治組織 ―― 上述の自治委員会，居住民委員会 ――，さらにボランティア組織，これら3つによって構成されている[2]。

自治委員会の役員は選挙によって選ばれる。たとえば，管理者層の幹部や，支部長，住民委員会の主任などは，そのエリアの住民が投票して決める。支部長はこのエリアの共産党員によって選ばれるが，具体的な技術者などについては公募による選出もある。社区の特徴としてはまず非営利性があげられる。金もうけのための組織ではない。もうひとつは地域性で，社区委員会は決まった地域に限定されている委員会である。最後に専門性である。サービス職を80％以下，技術職を20％以上の比例で構成している。教育レベルについては，被選挙者は高校卒以上でなければならない。ボランティア組織は，社区の住民の1％以上の人数が必要とされ，ボランティアの活動は最低月に1回以上という義務が課されている。

社区の運営資金は主に以下の原資で賄われている。

---

2) 社区組織の内容：
① 社区と行政（街道弁公室）の関係；指導↔協力（「都市居住民委員会組織法」）
② 組織の仕組み；党の組織，住民自治組織，ボランティア組織
③ 人員の構成及び特徴；選挙による（党支部，住民委員），および公募による。
特徴：非営利性，地域性，専門性。
　　　管理職80％以下，技術職20％以上。教育レベル高校卒以上。
　　　ボランティア（志願者）は本社区居住人数1％以上，かつ各志願者の活動は月1回以上とする。

① 行政による資金提供（区行政及びその派出機構費用の一定割合）
② 区行政及びその派出機構所有福祉基金利息収入の5割以上
③ 区行政及びその派出機構所管業務，その利益の6％以上
④ 地元の「福祉くじ」収入の6割以上
⑤ 各種寄付
⑥ 社区発展基金（400元/1,000人）（「中国社区サービス基準」）
いずれも国の規定で定められている。

2. 社区の役割

　社区の主な業務はまず福祉の実施である。つまり，高齢者，児童，そして身障者のケアと，低所得者への援助，高齢者への援助，身障者への援助，少年の指導，地域犯罪の防止などの業務である。さらに，地域の行事の開催や仕事の紹介を行う。また，四半期ごとに街道（市の派出機構）を範域とする助け合いのキャンペーンを実施する。

　社区にはいろいろな権限があり，中国らしい特色があらわれている。ひとつは，いろいろな証明書を発行する権限である。具体的にはまず戸籍地と居住地に関する証明書である。これは日本では市役所や区役所が行う仕事だが，中国ではほとんど社区が行っている。次に，公団住宅を購入するときに必要な証明書である。公団住宅は低所得者を対象にしており，それを購入するには，申請者にいくら収入があるのか，ほんとうに生活が苦しいのかといった証明が必要で，その証明を社区が行っている。さらに，今は少なくなったが生活困窮世帯向けの福祉住居申請のための証明書発行である。そして，出生証明書，結婚証明書，子どもを産むときの許可証明書，一人っ子の証明書，高齢者であることの証明，失業証明，死亡証明などの証明書はすべて社区が発行している。高齢者であることの証明については説明が必要であろう。戸籍を置いている社居とは別の場所に住んでいたり，子どものところに住んでいる老人が年金

を受け取るときには、もとの居住地の社区から、証明書を出してもらわなければ制度上、年金を受け取ることはできない。教育を受ける場合も同じで、もとの居住地の社区の証明が必要である。

2つ目には、社区の場所の確保も法律によって決められている。各行政区あるいは市は、少なくとも1ヵ所、1,000㎡以上の社区のセンター用地を確保しなければならない。この中に、老人の介護施設、リハビリテーション、交流の場などを確保することが義務づけられている。各街道の社区センターは、住民1,000人ごとに少なくとも10㎡以上の面積を確保する必要がある。さらには老人介護用のベッドを2つとか、リハビリテーション用に20名分の場所とか、青少年の活動用の30名分の場所などを確保しなければならないといった細かい規定がある[3]。そして、各社区の事務所の使用面積は、少なくとも30㎡以上と国によって決められている。

3つ目に、この各社区のサービス内容に対するチェックは「中国社区サービス基準」の評価基準によって行われている。まず選挙と自己管理は透明性、次にサービスが十分に提供されているかどうかなどが要求され、さらに、そのサービスの内容として、高齢者へのサービスがあるかどうか、身障者への支援があるかどうかが評価される。

4つ目に、中国では各社区ごとに医療センターがあり、そこで、簡単な医療処置や福祉健康管理を受けることができる。また、環境衛生を維持するという義務も負っている。そして、最後に、社区の機能として治安維持がある。特に、国が大きなイベントを行う際には、社区ごとに高齢者を中心にした治安維持ボランティア活動を行うことも多い。

---

3)「中国社区サービス基準」による。

3. 社区の諸活動

　社区ではさまざまなケア活動が行われている。重点の一つが低収入所得者の生活のケアを行い，最終的には社会復帰につなげる活動である。そして，2番目が本章の主題の高齢者の介護である。社区には敬老院または養老院と言われる老人施設があり，高齢者のケアを行っている。

　まず低収入所得者についてのケアを見ておこう。表5-1は2008年の3月の政府の低所得者に対する生活保護のデータである。少し経済事情の異なる6つの地域が選んである。北京，上海は経済が発達した地域で，広東省も比較的恵まれている地域になるが，雲南省，新疆ウイグル自治区，チベットは低開発地域に当たる。このためかなりの人数の低所得者が存在する。世帯数から見てもかなりの数である。表5-1には1人当たり支給額も示しておいた。この額は一見低いように見えるが，同じ北京でも市内と郊外の支給の金額は若干違い，市内では350から400元ぐらいになっている。

　低所得者保護への応募条件は主に次の2つで，国の法律で決められている。まず所得がないこと，労働能力がないこと，そして扶養する人もいない場合で，身寄りのない高齢者などが該当する。もうひとつは，一時解雇者，失業者もしくは年金生活者であって，その世帯の収入が最低の生活保障より少ない場合，低所得者生活保護の対象になる。

　申請には社区が深く関与する。まず，申請者は住んでいる社区に書類申請を提出する。社区の関係者は書類審査を行う一方，5日以内にその家庭の事情を調査して各社区の事務所前の看板に，この人はこういう申請をした，こういう事情があるという結果を公示する。5日間の公示後，異議がなければ書類は街道弁公室に送られ，今度は街道弁公室がその書類をもう一度審査をして，街道の中の指定場所にもう1回公示する。5日間の公示後，区役所に書類が送られ，最終審査が行われる。区役所の審査結果は本人に通知されることになる。つまり，生活保護の決

表5-1 低所得者の生活保障金額

地　区	人数（人）	世帯（戸）	1～2月支給金額（万元）	1～2月1人当たり支給金額（元）
北京	146,078	72,091	8,379.4	287
上海	345,267	194,556	15,336.7	223
広東省	375,410	149,015	10,220.0	136
雲南省	762,647	426,343	16,706.6	109
新疆自治区	756,216	327,090	17,144.7	113
チベット自治区	41,048	16,618	1,079.6	134

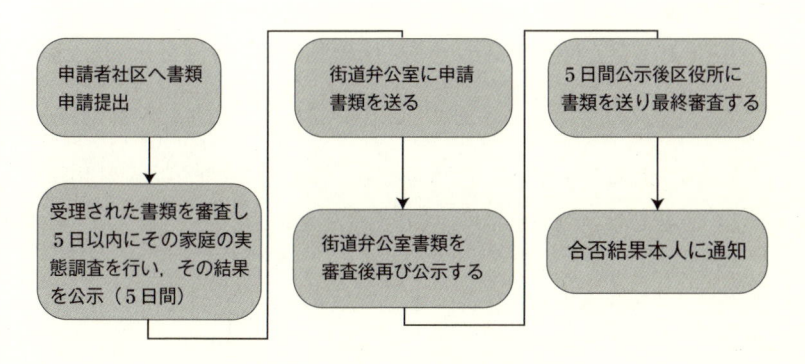

```
申請者社区へ書類        街道弁公室に申請       5日間公示後区役所に
申請提出               書類を送る           書類を送り最終審査する
   ↓                    ↓                    ↓
受理された書類を審査し    街道弁公室書類を       合否結果本人に通知
5日以内にその家庭の実    審査後再び公示する
態調査を行い，その結果
を公示（5日間）
```

図5-1 低所得者生活保護申請手順

定に，社区での調査や判断が大きな役割を果たしていることがわかる。

すなわち，社区は基本的に最初の審査をするがそれだけでなく，いったん低所得者保護認定を得た人やその関係者に対して行われる再審査についても深く関与する。再審査は三無家庭（頼れる人がない，収入がない，労働力がない人）に対しては，1年ごと，中高年齢家庭に対しては半年ごと，再就職能力を持っている人に対しては月ごとに行われる。もし再就職すれば，生活保護は適用外となる。社区は高齢者や失業者など低所得の人々の経済面でのケアに大きな責任と権限を持っているといっ

てよい。

また，低収入所得者に対しては，次の3つの優遇策が講じられている。

1つ目は，住宅の優先供給である。ここでも証明書を出す権限を持っているのは社区であり，自分の社区の住民の経済状況は把握しているので，状況に応じて低家賃住宅や公団住宅の紹介を行う。

2つ目は，再就職の紹介や職業訓練の優遇である。区ごとに職業紹介センターがあり，低収入所得者にまず優先的に職や訓練が紹介され，訓練期間中は手当も与えられる。

3つ目は，道路補修や公園整備といった公益的事業を行うときに，まず低収入所得者を優先的に紹介し参加を促進する。

そのほか，低収入所得者に対しては医療，教育，社会復帰に関して「3つの保障」が行われる。各地方によって違うが，江蘇省を例にとると，医療の保障が与えられる。すなわち，診察料の減免，手術費用の半額化，入院料の30％オフといった優遇策が適用される[4]。

教育の場合，農村の貧困家庭や都市の低収入所得者の家庭の子どもに対しては，教育費が免除され，学校の寮で暮らす子どもに対しては教育費の免除のほか生活補助金が支給される。また，社会復帰を支援している。所得に対する審査はできるだけ透明性を確保して行い，定期的に家庭訪問をして，実際の状況を調査したうえで，公益活動の参加などを呼びかけ，再就職の機会やそのために必要な支援を与える。

ただし，これらの活動で問題がすべて解決できるわけではなく，実際には次のような課題を抱えている。一つには各人の収入の把握が困難なことである。大都会の場合比較的周辺の目が厳しいので，ある程度チェックできるが，小さい町では，親戚など緊密な人間関係があり収入があるのにないと偽ったり，あるいは親戚に優先的に便宜を図ったりす

---

4) 中国民生部最低生活保障司，2008-03

ることがあって，透明性も低い。また，対応が遅いのも問題で，月に1回訪問すべきなのに，仕事が忙しくて1年ごとの訪問という場合もあり得る。最大の問題は，各部署の連携体制がまだできていないことである。税金はどう払われているか，実際に収入があるかなどは，日本の場合，市役所に行けばすぐ調べられるが，中国の場合は，それらの情報の把握が不十分で，かつばらばらに集められているため，収入のチェック体制が整っていないのが現状で，ほんとうはかなりの収入があるのに生活保護を受けているといった例がしばしばニュースで報道される。

4. 中国の高齢化の特徴

さて，高齢化社会の話に移る。日本や韓国ほどではないが，中国も既に高齢化社会を迎えたといってよい。国連の報告書[5]では，65歳以上が総人口の7％以上に達すると高齢化とみなされているが，2008年には中国全体で65歳人口比率が8.3％となっておりすでに7％を超えている。高齢化が7％水準以上の地域が上海，天津，江蘇省，北京など既に11以上に達している。今後100年間の高齢化に関するシミュレーションを見ると2051年から2100年で，中国の高齢者人口は3〜4億に達すると予想されている。表5-2は2008年における中国の人口比率一覧を示したものである[6]。

都市地区での人口が全人口の45.7％で，まだ農村部の人口のほうが多く，男性が女性人口より多いことが分かる。高齢者人口も60歳以上の人が12％，65歳以上の人は8.3％と，かなりの割合を占めている。この傾向は大都市で顕著で，北京はすでに13.1％となっており，2010年には14％になるとみられている。一番厳しいのは上海で，2020年に

---

5) 人口老齢化に関する報告書（2002年），国連人口経済社会事務局。
6) 中国人口ネット。

表5-2 2008年度人口比率

都市	60,667	45.7%
農村	72,135	54.3%
男	68,357	51.5%
女	64,445	48.5%
0～14歳	25,116	19%
15～59歳	91,647	69%
60歳以上	15,989	12%
（うち65歳以上）	(10,956)	(8.3%)
総人口（万人）	132,802	100%

は30％の人口が65歳以上になるという予測がある。ただ，戸籍統計の問題があって実際にはそこまで厳しくはならないと思われる。つまり現在の中国の戸籍制度のもとでは，実際に農村部の若い人が上海に行っても戸籍がないため人口の統計には入らない。そのぶん都市部の高齢化率が高めに出る。したがって高齢化率が30％ということにはならず，流入した人口を加味すると15％，あるいはもっと低くなると思われる。それでも国全体では高齢者がたくさんいることは事実で，都市部の実際の高齢化率が低く出ているだけ，農村部の実際の高齢化率は統計よりはるかに高くなる。若い人が他出してしまっても戸籍はそのままおいているので計算上はまだ高齢化率は低く見えるが，実際は高齢者ばかり残っているということも十分ありえる。本章では都市部の高齢化を取り上げたが，中国は近年農民の移動制限を緩和しており，近い将来日本で見られたように農村部の急速な高齢化が大きな社会問題になる可能性は高い。

5. 中国の高齢者の暮らしと社区

中国の都市部の高齢者は，どんな暮らしをしており，それがこの社区

とどういう関係があるのだろうか。高齢者の暮らし方には大別すると2種類の暮らし方がある。まずは日本とほぼ同じで自宅で定年を迎え，家庭を生活拠点として社区のサービスの提供を受けるタイプである。

代表例として浙江省杭州のある社区の例を挙げておこう。浙江省の杭州は経済的に恵まれているところであるが，一人暮らしの老人，子どもがいない人，高齢者，身障者，生活困窮者などに対しては「12345」というサービスが社区で準備されている。具体的な内容は，1日1回介護サービス員が訪問をする，呼び出し用のベルを家に2ヵ所は設置する，頼る人は3種類の人，つまりアパートの管理人，社区志願者（ボランティア），親族。それから，4種類のサービス（毎日1回の家庭訪問，毎日1回の電話でのあいさつ，毎日1回の社区の登記手帳への記入など）。それと，5種類の特定サービスである。

もう一つのタイプは老人施設で暮らす高齢者である。老人施設は中国では養老院とか敬老院と書く。1999年の時点で中国の老人施設は計4.2万ヵ所，従業員は21万人，ベッド数は118万床，利用者は82万人であった。今は老人施設のベッド数にしても従業員の数にしても，少なくとも1999年の倍以上になっており，2007年以降，民営の敬老院の数が公立の敬老院の数を上回る状態が続いている。敬老院は大きく分けて3種類ある。つまり，社区が管理する敬老院，国が管理する敬老院，そして企業が経営する敬老院である。社区が経営している敬老院は一般に規模が小さく，設備も簡単であるが，その代わり各社区ごとにあって絶対数が多い。規模が大きく治療もできる施設は，国の民生部門や企業が運営している。高級施設や高級マンション型の敬老院は主に企業の運営である。全体的に言えるのは公的な施設で暮らせる高齢者の数は少なく，高齢者全体の人口の1％に満たない。現実には日常生活に困る高齢者も多く，北京市の調査では，10％以上の高齢者は，部分的もしくは完全に自立ができず，18.5％の人が社区の手助けを希望している。また，3.5％以上の人が自分で敬老院（老人ホーム）を探しているという結果

表5-3 北京市公立敬老院で暮らす高齢者の事情

毎月の費用	570〜1,350元
敬老院を選択した理由	自らの希望　37％ 子どもの希望　20％ 身体的原因　14％ その他　29％
満足度	92％ 一番の理由は，敬老院が社区に立地しているので，さまざまな人たちと触れ合いができるなど
身体の状態	元気な人　　　　5％ 慢性病持ち　　80％ 脳血管障害持ち　35％
将来子どもと一緒に暮らしたい人	11％ 68％の人は否定的．うち35％の人は「子どもに迷惑をかけたくない」という．

が出ている[7]。

　表5-3のように，老人ホームにかかる費用を北京市の場合で調べてみると，公立は大体ひと月570元から1,350元なのに対し，私立は倍ぐらい高いところもある。老人ホームを選んだ理由としては，「自ら希望して」が37％，「子どもの希望で」が20％，「体調不良が原因」は14％，「そのほかの原因」が29％であった。なお，この敬老院に満足している人は92％。その一番の理由としては，敬老院は社区に立地しているから，さまざまな人と触れ合うことができるからだと考えられている。

---

7)「城鎮職工養老保障調査」，中国老齢科学研究センター，「人口老齢化与社会保障制度研究」チーム1998年調査。

ただ,敬老院にいるお年寄りで元気な人は少ない。慢性病を持っている人は80％で,一番多いのは心臓血管の病気である。将来的に,敬老院から出て子どもと一緒に暮らしたい人は11％しかおらず,68％の人は否定的である。要するに,現在の入居者は敬老院で一生を送るという考え方を持っている人が多いということである。その中で注目されるのは,35％の人が「子どもに迷惑をかけたくない」と答えていることである。日本でもそういうお年寄りの人が多いという報告があり,両国における考え方の類似をうかがうことができる。

6. おわりに

最後に,高齢化問題や高齢者のケアと関連して,伝統的な価値観が崩れつつある中で,高齢者の暮らしをだれが見るのか,それは家庭なのか,社会(社区)なのか,国なのかがいま中国で大きな問題となっている点を考察したい。

日本では高齢者のケアについて社会や国が面倒を見るのは当然という考えが浸透してきているように思われる。しかし中国では,国にお年寄りの面倒を見る義務があるという考えは一般的ではなく,そうした考えに立った法律も保障もない。逆に,お年寄りの面倒を見るのは子どもたち若い世代だという法律はある。婚姻法と高齢者権益保護法という2つの法律がそれで,お年寄りについては,その配偶者,子ども,兄弟そして孫が扶養する義務があることが明文化されており,扶養の内容としても,経済だけではなく,生活の面と精神的な面の面倒も見ないといけないことになっている。法律に違反した場合には罰則があり,裁判も行われている。伝統的に儒教的な思想で子どもは親孝行をしないといけないということがあるが,ただ,実際には,農村などでは,経済的な理由などで子どもがお年寄りの面倒を見ることが難しい現実がある。

一方,都会を中心に若い世代でもそうしたことがネット上で議論にな

りはじめている。特に子どもは今一人っ子となっており、一人の子どもが少なくとも2人の年寄りの面倒を見る必要がある一方で子どもは仕事もせざるを得ないという状況がある。経済の面だけでなく、時間的にも身体的にももたないようになっている。そのときにどうしたらいいか。国が面倒を見るべきだという意見が出るのは避けられない。事実、若いときは、社会のために貢献したのだから、高齢になったら今度は社会が面倒を見るのは当たり前という主張が出始めている。もちろんそれに反対する声もある。親は小さいとき自分を苦労して育ててくれたのに、大きくなったら親の面倒を見たくないので社区（社会）に高齢者の面倒を見てもらおうという考え方はとんでもないという声も多い。

　現在の中国は、これまで見たように、社区という半公的で特殊な組織が、高齢者ケアについて家族と国が果たすべき役割のかなりの部分を担っているとみることもできる。しかし、急速に進むであろう中国社会の高齢化に対し、社区が十分対応できるかどうかは未知数である。社区の敬老院の受け入れ数をみる限り、現在でもすでに限界に達しつつある可能性が高い。日本のように、豊かな経済力をバックに、高齢者のケアを国や民間が全面的に支援するシステムが確立できればいいが、中国はまだその段階には達していない。しかし高齢化は急速に進んでいる。中国では、高齢者に対するケアは子どもの義務であるという伝統的な考えもなお根強いが、早晩、高齢化問題について政府と社会と個々人がどういう責任を持つかということについて、それぞれに厳しく問われることになろう。

第 6 章

日本の高齢化と政策展開

小川全夫

はじめに

　日本の人口転換の初期段階では，まだ人口高齢化にいたっていないが，人口ボーナスを利用した高度経済成長の成果を高齢者に分配するために，年金制度や高齢者福祉制度を整備する法律が制定された。1958年には，事業所や役所で働く被雇用者やその家族だけでなく，国民健康保険法によって農林漁家や商工自営業者や高齢者のだれもが，いつでも，どこでも医療サービスを受けられる条件が整えられた。1959年には，国民年金法が制定され，公務員や会社の従業員だけでなく，農林漁家や自営業者や主婦なども保険料を払っていれば，年金が支給される仕組みが作られた。こうして国民はだれでも健康保険と年金保険に加入する「国民皆保険」，「国民皆年金」制度が確立した。1963年になると，老人福祉法が制定され，以前のような貧困で身寄りがなく働けない高齢者に限定して救済する福祉から，すべての高齢者を対象とする福祉増進の根拠が成立した。これによって，高齢者施設は，これまでのような貧困で身寄りがなく働けない高齢者を受け入れる「養護老人ホーム」だけでなく，寝たきり状態になった場合には所得や身寄りの有無に関係なく受け入れる「特別養護老人ホーム」が数多く整備されるようになった。1966年には国民の祝日に関する法律の一部改正により，「敬老の日」が制定された。このように人口転換の初期段階には「国民皆保険」，「国民

皆年金」を確立した日本であるが，人口高齢化の進展に伴って，今や大きな転機にさしかかっている。

1. 人口高齢化段階の取り組み

(1) 人口高齢化段階における高齢者市場の分野調整

いよいよ人口転換の結果としての人口高齢化が顕在化してくると，これに関連した業務を専門とする人材の養成と質の確保に関する法律や介護の基盤確立や福祉機器やバリアフリーやユニバーサルデザインといった社会環境整備が進められた。

老人福祉法の展開上の問題は，福祉の名の下に老人医療を盛り込んだことである。1973年には老人医療費支給制度が導入され，その後10年間にわたって高齢者の医療サービスは急速に増加したため，老人医療費の急速な膨張を招いてしまったのである。そこで1982年には，この問題を解決するために，老人保健法が制定され，70歳以上の高齢者を対象とする医療・保健サービスが独自のシステムの下で提供されるようになった。

この老人保健法の下で，老人医療と老人福祉の調整が行われ，さらに1986年の老人保健法改正で，病院と特別養護老人ホームの中間的な機能をもつ老人保健施設が制度化された。この時期，医療業界と福祉業界の間では「中間施設論争」が展開し，高齢者へのサービス提供をめぐる分野調整の論議が活発に行われた。

また，在宅高齢者へのサービスの分野でも，福祉業界は1978年からショートステイ（短期入所），1979年からデイサービス（通所介護）を開始して，1961年以来家庭奉仕員派遣事業として始まったホームヘルプサービス（1995年訪問介護員養成制度）とともに，増加する高齢者介護の必要性に応えようとしたのに対して，医療業界も医療保険の対象となるサービスとして，1986年デイケア（通所リハビリテーション）

や 1991 年老人保健法に基づく老人訪問看護などを開始して，高齢者医療の地域展開を図った。いわば高齢者介護・医療の市場獲得競争が展開したといえる。

このように高齢者サービスが多様な展開を示すようになったために，1987 年から高齢者の生活・医療・住宅その他の総合相談窓口として都道府県に高齢者総合相談センターが設置されることになった。また，高齢者サービスを総合的に調整するために，医療・保健・福祉の関係者が調整チームを組んで連携を強化する事業が打ち出された。

(2) 高齢者雇用環境の対策等

1971 年には「高齢者等の雇用の安定等に関する法律」が制定された。これは高齢化に備えて，年金支給開始年齢までは働き続けられるようにしようとするものであった。

1987 年には高齢者向けの公営住宅建設が事業化され，「シルバーハウジング」と名づけられた。これは低所得ながら自立した生活が見込まれる高齢者の単独世帯や老夫婦のみ世帯を対象にして入居を公募し，入居者に対しては安否確認を行う生活援助員（ライフサポート・アドバイザー）を置くことができるとした。

このように人口高齢化が 10％台に突入した 1980 年代には医療・保健・福祉の分野だけでなく，労働や教育などあらゆる場面で国民の関心が高まり，これに政府としてまとまった対応を図る必要性から内閣は 1986 年には長寿社会大綱を定め，予算編成上の総括を行うこととなった。

2. 高齢社会への準備段階

(1) 要介護高齢者サービス基盤整備

いよいよ日本の人口高齢化が高齢社会といわれる状態に達すると予測

されるようになると、とりわけ要介護の高齢者のためのサービス基盤の整備が大きな関心を呼び、1989年に政府は高齢社会対応の財源として消費税を導入することと抱き合わせで「高齢者保健福祉推進十ヵ年計画」(いわゆるゴールドプラン) を策定した。これはその時の厚生・大蔵・自治の三大臣の合意によりまとめられたものである。翌1990年には老人福祉法など福祉関係8法が改正され、基本的に高齢者の福祉保健は市町村が責任を持つ領域として地方分権化が図られた。これによって市町村は老人保健福祉計画を作成して、市町村内における高齢者保健福祉サービスの目標量やサービス提供体制を定め、これを計画的に実施することとなった。都道府県は市町村の計画を調整・支援する広域計画を立て、国はこうした地方の計画のための参酌標準(ガイドライン)を示して助言・援助するという役割を分担をすることになった。ゴールドプランは1994年には「新・高齢者保健福祉推進十ヵ年計画」(新ゴールドプラン) として整備の目標値を上方修正し、さらに1999年の「ゴールドプラン21」(目標年度2004年)に引き継がれた。

(2) 新しい社会保険としての介護保険

2000年には、世界でドイツに次いで2番目の「介護保険法」が日本に導入された。これは、人口高齢化によって、長生きする人が増加し、その中には長期介護を必要とする高齢者がますます増加し、ゴールドプラン以降整備された保健福祉サービスの提供に必要な財源の確保が必要となったために、健康保険や年金や雇用保険(失業保険)に次ぐ新しい社会保険制度として、介護保険が構築されたのである。

この日本の介護保険は、ゴールドプラン以降の地方分権の方針に沿って、市町村が保険者となることを原則とした。もし市町村が単独で保険者にならない場合は、市町村広域連合を結成して保険者にすることができるとした。

被保険者は65歳以上の第一号被保険者と40歳から64歳までの第二

号被保険者で構成される。65歳以上要介護高齢者及びがんや認知症やパーキンソン病などの特定疾病に罹患した第二号被保険者は，利用した介護サービス費用の10％を負担し，後の90％は，保険者からサービス事業者に対して介護報酬として支払われる。その財源は第一号被保険者が年金から支払う保険料（19％），第二号被保険者が健康保険から支払う保険料（31％）と，国，都道府県，市町村が拠出する税（それぞれ25％，12.5％，12.5％）で賄われる。

　サービス事業者は，社会福祉法人，医療法人，農業協同組合，生活協同組合だけでなく，株式会社や1998年「特定非営利活動促進法」によって認可されるようになった民間非営利組織にまで広げて多元化されることとなった。こうして人口高齢化によって発生する長期介護のニーズに即した疑似市場が構築されることになった。

　また，この介護保険制度のサービスはサービス事業者と要介護高齢者の契約によってはじめて提供できるようになるため，判断応力が不足する高齢者（たとえば認知症高齢者など）が契約することを可能にするためには，成年後見制度を確立する必要があり，民法等の改正によって，2000年から発足した。これによって，定められた者が，高齢者の代理として契約の取り消しなどを保佐したり，補助できるようにした。

　介護保険のひとつの目的は，高齢者の長期介護に対応したサービスが未整備であるために，治療の見込みがないのに病院に滞留して医療コストをかけるいわゆる「社会的入院」問題を解消するために，いったん「医療」と「介護」を切り分け，「医療」にかかる社会的費用を抑制しようとすることにあった。人口高齢化が提起した課題は，「貧しく，家族がなく，働くことができない」人々だけを対象にする社会福祉から，「いつでも，どこでも，だれでも」サービスを得られる普遍主義的福祉への転換であった。そして高度経済成長期までに，日本では国民皆年金や国民皆健康保険（フリーアクセス）という制度を整備し，さらに高齢社会段階に備えて40歳以上を被保険者とする介護保険制度を整備して，

普遍主義的福祉を目指してきた。しかし，長生きできる時代は，要介護状態になる高齢者も増加する時代でもあった。この状況に対処するためには，なによりも長期介護できる体制づくりが急務であった。

(3) 高齢社会にむけての介護人材育成

ゴールドプランを実現するためには，それを担う人材が必要であるということから，国会はゴールドプランを採択するときに付帯決議をして介護人材の養成を急ぐように指示した。これを受けて1990年には，「社会福祉士及び介護福祉士法」が制定され，国家資格として介護福祉士資格が設置された。介護福祉士は専門的知識・技術をもって入浴・排泄・食事その他の介護に従事する者と定義されている。しかしこの資格は，医療職である看護師や医師と違って福祉職として位置づけられた点に特徴がある。またこの資格は名称独占資格でしかなく，業務独占資格でないために，職業訓練による民間資格として養成されたヘルパー資格の2級以上を所持している者と違いがなく，いずれも福祉施設で職務に従事できるようになっている。

そのほか，看護師や物理療法士や作業療法士などのパラメディカルな医療職の養成も急務となり，全国的に公立大学で看護学部・社会福祉学部の新設が相次ぎ，短大や専門学校は介護福祉士養成コースを設けることがブームになった。1998年には「精神保健福祉士法」が施行され，社会福祉士・介護福祉士についで3番目の専門的な福祉職が国家資格とされた。この資格は精神障害者の社会復帰のために，精神病院や社会復帰施設等で相談，助言，訓練等の援助を行うとされている。2000年の介護保険の導入によって，介護保険サービスの利用を援助・支援する職として介護支援専門員（通称：ケアマネジャー）が置かれることとなった。この職は，要介護認定を受けた高齢者の状態を事前評価（アセスメント）して，介護サービスの利用計画（ケアプラン）を策定して，要介護高齢者と介護サービス事業者の契約の橋渡しを業としている。介護福

祉士，看護師など基礎資格を持つ者が，都道府県の実施する試験に合格し，一定の実務実習を経てのちに認定される資格である。高齢者福祉医療施設のほか，居宅で日常生活を営むために必要な保健医療サービスが受けられるように居宅サービス計画を作成してサービス事業者と連絡調整する居宅介護支援事業を行う事業所や，在宅介護支援センターや，後の 2005 年の介護保険法改正に伴って市町村が設置することになった地域包括支援センターには必ず置かれることになった職である。

(4) 高齢社会へむけてのシルバー産業振興

1993 年には「福祉用具の研究開発及び普及の促進に関する法律」（略称：福祉用具法）が公布され，産業界が要援護高齢者や心身障害者の日常生活を支える用具や機能訓練のための用具・補装具の開発を急ぐように方向づけた。これにともなって，経済産業省の所管する新エネルギー・産業技術総合開発機構も本来の業務のほかに福祉用具に関する産業技術の研究開発を促進する業務を行うようになった。

人口高齢化に対応したまちづくりを推進するために，まずは不特定多数の人々が利用する劇場，銀行，ショッピングセンターなどの施設を障害物の少ない建築物にするために，1994 年に「高齢者・身体障害者等が円滑に利用できる特定建築物の建築の促進に関する法」（略称：ハートビル法）が制定された。1990 年には公団や公社が 60 歳以上の単身世帯や高齢夫婦世帯に対して入居を公募する「シニア住宅」という取り組みが始まった。1998 年には借家生活をする年金生活者の家賃補助や貸家建設者への建設費補助を行う「有料民間賃貸住宅制度」が始まった。また職業生活と家庭生活を両立できるようにするために，1991 年には「育児休業，介護休業等育児又は家族介護を行う労働者の福祉に関する法」（略称：育児・介護法）が制定され，労働者の権利として育児休業や介護休業や子どもの看護休暇が取れるように，事業主にこれを義務づけた。1990 年には「生涯学習の振興のための背策の推進体制等の整備

に関する法律」が制定され，いつでも国民が必要に応じて学習する機会を整備することとした。この法律によって，これまでは「社会教育」の名で提供されてきた成人・高齢者向けの学習プログラムが，「生涯学習」の名で推進されるようになったほか，社会人への高等教育機関の特別入試や公開講座などが広がった。

このような民間の新たな取り組みを担う人材として，福祉用具プランナーや福祉環境コーディネーターという民間資格が研修によって取得できるようになった。

3. 第2の人口転換期突入段階

(1) 高齢者施策の総合調整

日本は，さらに高齢化段階から高齢段階に進み，少産少死型から少産多死型への「第2の人口転換」に向かう過程にあるが，そこでは，介護の財源構築や多元的サービス供給者の育成やさまざまなこれまでの制度の見直しや包括的な施策の体系化を図る法が制定されている。1995年には，議員立法として高齢社会対策基本法が制定され，この法の下で政府は高齢社会対策大綱を策定して，毎年高齢社会白書を刊行し，総合的な施策の推進を図っている。

高齢社会対策大綱は，「労働・所得」，「健康・福祉」，「学習・参加」，「生活環境」，「調査研究」の5つの分野を立てている。これらの各分野に対する国家予算の配分をみると，「労働・所得」，「健康・福祉」の2つの分野での支出が膨大な額になっている。少子高齢社会においては，特に高齢者の「健康・福祉」にかかる国家財政負担が大きくなることが分かる。予算の変遷をみると，年次によって，「労働・所得」の方に予算が多く配分されたり，「健康・福祉」の方に多く配分されるといった違いがあるが，いずれにしてもこの2つの分野で多くの国家予算が使われている。「健康・福祉」について工夫した施策を打ち出さない限り，

国家財政は破綻を来すだろう。

(2) 後期高齢者医療保険制度をめぐる展開

たとえば，医療の分野でも，高齢化の進展に伴って新しい対応が必要になっていた。定年後の高齢者が増大する時代を迎え，職域でカバーしていた健康保険から，地域でカバーする国民健康保険へ切り換えなければならない状況が深刻な財政逼迫を引き起こしていたのである。そこでこの状況を改善するために，老人保健法を制定したのであるが，これも後期高齢者の急増には耐えられないシステムであるとして，2008年には後期高齢者医療保険制度という新しい取り組みが創設された。老人保健法は，共同方式による高齢者医療を構築するために，40歳以上の健康増進と75歳以上の老人医療を確保するために，国民健康保険とサラリーマンや公務員の健康保険組合保険の両方に財源を求める仕組みを作り，60歳で定年を迎えた退職者たちが徐々に国民健康保険の方に移行する事態に対応しようとした制度である。

しかし老人保健法で国民健康保険だけでなくサラリーマンや公務員を対象にした健康保険組合の負担を強いられることに対する批判があった。そこで，これらの保険とは独立した形で後期高齢者医療保険制度を新たに設置して，高齢者医療の内容も変更しようとした。この後期高齢者医療は75歳以上を対象にしている。75歳以上高齢者の保険料負担は10％，国民健康保険や健康保険組合からの後期高齢者支援金が約40％，税から約50％を負担する仕組みになっている。65歳から75歳までの間は老人保健法と同じ仕組みのままである。しかし後期高齢者医療保険制度は，後期高齢者も1割は分担するという明確な責任を負うことにしたが，マスコミの批判や75歳以上高齢者から「後期高齢者」というレッテルに対する猛反発などもあって，新しい民主党政権はこの問題を再度見直すことにしているが，今後もこの改革は続く。

(3) 持続可能な介護保険法改正をめぐる展開

また,社会的入院状況を改善するために,いったん「医療」と「介護」を分けて,医療保険と切り離した介護保険制度を構築した。しかし,保険を使って支援サービスを受けようとする軽度の要介護者あるいは要支援者といわれる利用者が予想外に増えた。そこで介護保険制度は2006年に大幅改正され,軽度の要介護者あるいは要支援者に対しては,「介護予防」に重点を置くサービスを提供することになった。また徐々に重度化する要介護状況に対応するために,看取り介護のような医療サイドに属したサービスも介護保険で認められるようになった。これは,いったん分離するとした「医療」と「保健」と「介護」を,患者や要介護者に対しては継続的・一貫的なサービスとして再度調整する必要が大きくなっていることを意味している。

さらに介護保険制度が掘り起こした利用者増加は,被保険者の保険料や市町村・都道府県・国の財政に大きな負担を強いる結果になったために,サービス費用を抑制する方針が強く打ち出され,そのしわ寄せはサービス事業者の経営を逼迫させ,事業からの撤退や偽装による違反といった事態を招き,低賃金不安定就業による介護職員の離職や慢性的雇用不足,さらには介護福祉士養成機関の学生定員割れといった深刻な事態を招いている。ようやく政府は介護職員の確保に向けて,介護報酬単価を上げるなどの方針を打ち出しているが,これは再び介護保険料が上がり,税負担も増えることを意味している。今後は今のままの社会保険制度のままで,被保険者の年齢を現行の40歳から20歳まで引き下げるか,さらには社会保険制度ではなく全額税で負担する方式に変えるかをめぐって,論議が巻き起こるだろう。

(4) 高齢者にやさしいまちづくりの展開

1998年には「民間事業者による老後の保健及び福祉のための総合的施設の整備の促進に関する法律」(略称:WAC法)が制定されて,多

元的なサービス提供事業者に，民間営利企業も参入できる根拠が定められ，有料老人ホームを建築し運営することができるようになった。WAC法は2005年には改正されて名称も変わり，「地域における公的介護施設等の計画的な整備等に関する法律」として整備された。これによって，厚生労働省は市町村が有料老人ホーム，疾病予防運動センター，高齢者総合福祉センター，在宅介護支援センターなどのうち介護保険サービスを提供する特定民間施設を計画的に整備するように地域介護・福祉空間推進交付金を交付することができるようになった。

ハートビル法は特定の施設のみを対象としていたため不十分であるという反省の下で，まちづくりのうえで必要な移動制約者に対する交通手段（鉄道・自動車など）や交通付帯施設（駅・駐車場など）の障害物を除去することを目的とした「高齢者・身体障害者等の公共交通機関を利用した移動の円滑化の促進に関する法律」（略称：交通バリアフリー法）が2000年に制定された。2005年にこれらの法律を所管する国土交通省は「ユニバーサルデザイン大綱」を作成し，誰にも公平に，選択可能な，参加を促進するデザインの普及を進める方針を定めた。そして，2006年にはハートビル法と交通バリアフリー法を統合して「高齢者・障害者等の移動等の円滑化の促進に関する法律」（略称：バリアフリー新法）が制定された。この法律によって，大規模な施設や交通付帯施設だけでなく，生活関連施設や福祉タクシーなどの車両などにもバリアフリーが義務づけられることになった。バリアフリーの考え方は，特定の社会的弱者にとっての障害を取り除くことを目指す概念であり，ユニバーサルデザインはすべての人々にとって使いやすいデザインを目指す概念なので，根本的には違いがあるが，いずれも健常な成人向けの仕様を整備するという方針について根本的に変更を迫る考え方である。

2000年には「高齢者が居住する住宅の設計に係る指針」が国土交通省から示され，一般住宅でもバリアフリーが実現できることを目指した。これによって，住宅改修を行った場合の税の減免，融資返済の特例

措置を講じるものである。

　民間が提供する住宅と介護サービスの水準が，社会福祉施設の提供する水準と変わらなくなれば，いずれこれらを区別する必要がなくなるかもしれない。そこで介護保険の適用される施設等では，個室化やユニットケアを推進する一方，これまで一体的なサービスの中に含まれていた食事や個室部分の費用を切り離して，これを個人負担部分に委ねるといった調整が始まっている。

(5) 職業生活と家庭生活の両立にむけての展開

　2005年には，「高齢者虐待の防止，高齢者の養護者に対する支援等に関する法律」が成立し，高齢者の尊厳の保持にとって高齢者に対する虐待を防止することが極めて重要であるとして，これに関する国等の責務，虐待を受けた高齢者に対する保護のための措置，養護者の負担の軽減を図ること等の支援を定めた。

　日本では1971年の「高年齢者等の雇用の安定等に関する法」を2006年に改正して，年金支給開始年齢を65歳に引き上げ，それまでは働き続けられるように，定年をできるだけ65歳に引き上げ，あるいは60歳以上の求職者に多様な就業機会を開発することを事業主に義務づけるとした。また雇用労働者の権利を守るために，1966年以来の雇用対策法が適用されてきたが，2007年の改正によって，募集採用における年齢制限や雇用条件における年齢差別をなくすことを義務化して，高年齢者雇用環境を整備した。

　また1991年に制定された育児・介護法を2008年に改正して，「ワーク・ライフバランス」をいっそう定着促進する方針を強化している。

(6) 介護人材確保をめぐる展開

　2007年には「社会福祉士及び介護福祉士法」が改正され，介護福祉士を国家試験に合格した者に与える資格とし，育成機関修了者に与えら

れていた試験の免除規定がなくなった。これはいずれヘルパー資格を廃して介護福祉士資格に一本化するための布石であるといわれている。また介護福祉士の定義が変わり，専門的知識・技術をもって，心身の状況に応じた介護等を行うことを業とする者とされた。これは認知症高齢者が増加したために，従来の身体介護だけでなく，心理・社会的知識・技術が必要になってきたからである。この定義の変更は義務規定の変更につながっており，介護福祉士は要介護者の尊厳を保持し，医師その他保険医療従事者と連携し，介護知識・技術の向上のために自己研さんすることとされた。介護福祉士の当初の位置づけは福祉職であったが，実務上は医療職との関係が強いことを改めて確認する改正になっているといえよう。

　さらに経済のグローバル化の動きに即して自由貿易にむけてのさまざまな取り組みがなされる中，EPA という二国間経済連携協定の枠組みの中で，「自然人の移動」という項目が盛り込まれるようになり，フィリピンやインドネシアと EPA においては，看護師・介護福祉士の日本への受け入れが始まった。これに伴って，さまざまな論議が巻き起こっている。とりわけ介護福祉士という資格はきわめて日本のドメスティックな資格であるために，養成の在り方，国家試験の在り方，職務の在り方などの面でさまざまな課題が明らかになり始めている。単なる労働力不足解消策とみてはならない問題である。

参考文献

AARP, http://www.aarp.org/

ウルリヒ・ベック，東廉・伊藤美登里訳 1998,『危険社会 —— 新しい近代への道』，法政大学出版局。Beck, Ulrich,1986, *Riskogesellschaft : Auf dem Weg in eine andere Moderne.* Suhrkamp Verlag Kg.

Bloom, David E., David Canning and Jaypee Sevilla, 2003, The Demographic Dividend : A New Perspective on the Economic Consequences of Population Change, Population Matters Monograph MR-1274, RAND.

沈潔編著, 2007,『中華圏の高齢者福祉と介護 —— 中国・香港・台湾』, ミネ

ルヴァ書房

エスピン・アンデルセン, G., 岡沢憲芙・宮本太郎監訳, 2001, 『福祉資本主義の三つの世界：比較福祉国家の理論と動態』, ミネルヴァ書房。Esping-Andersen, G. 1990. *The Three Worlds of Welfare Capitalism*. Basil Blackwell.

藤村正之, 2003, 「リスク社会をどう考えればよいか」, (社) 生活経済政策研究所報, 6月号

Heer, David M.,(ed.), Kingsley Davis, 2005. *Kingsley Davis : A Biography and Selections from his Writings*, Transaction Pub.

広井良典・沈潔編著, 2007, 『中国の社会保障改革と日本 —— アジア福祉ネットワークの構築に向けて』, ミネルヴァ書房

Hollyday, Ian., 2000. "Productivist Welfare Capitalism : Social Policy in East Asia", *Political Studies*, Vol.48, 706-723.

今田高俊, 2002, 「リスク社会と再帰的近代」国立社会保障人口問題研究所『海外社会保障研究』, 138.

印南一路, 2009, 『「社会的入院」の研究　高齢者医療最大の病理にいかに対処すべきか』, 東洋経済新報社

韓国保健福祉家族部ホームページ　http://www.mohw.go.kr

韓国大統領秘書室・生活の質向上企画団, 1999, 『新先年に向けての生産的福祉の道』

加藤仁, 高山憲之, 福岡政行, 廣兼憲史, 清家篤, 樋口恵子, 立松和平, 2005, 『超「団塊」—— 2007年問題に立ち向かう！』, 宝島社

河野稠果, 2007, 『人口学への招待 —— 少子・高齢化はどこまで解明されたか ——』, 中央公論社

葛象賢・屈維英著・武吉次朗訳, 1993, 『盲流 —— 中国の出稼ぎ熱とそのゆくえ』, 東方書店

経済産業省, 「EPA交渉」,
http://www.meti.go.jp/policy/trade_policy/epa/html2/2-torikumi3-indonesia.html

国土交通省, 土地・水資源局土地情報課, 2001, 『「都心回帰」現象の実態把握調査報告』の概要について,
http://tochi.mlit.go.jp/w-new/tc_chousa/b2/b2_index.html

国連, 「補充移民」,
http://www.un.org/esa/population/publications/ReplMigED/migration.htm

国連「高齢者のための国連原則」, 2002,
http://www.un.org/esa/socdev/ageing/un_principles.html

国立社会保障・人口問題研究所, 日本の将来人口　http://www.ipss.go.jp/

久保秀史, 1997, 『日本の家族計画史』, 日本家族計画協会

栗林敦子, 2004,「リスク社会における『自助努力』『自己責任』」, ニッセイ基礎研究所報, 134.

馬寅初, 1999,『馬寅初全集』, 浙江人民出版社

増田雅暢編著, 2008,『世界の介護保障』, 法律文化社

Means, Robin, Sally Richards and Randall Smith (2008) "Community Care: Policy and Practice", Palgrave MacMillan.

日本生活協同組合連合会医療部会, 2007, 翻訳／編集,『WHO「アクティブ・エイジング」の提唱 ── 政策的枠組みと高齢者にやさしい都市ガイドブック』, 萌文社。WHO (World Health Organization), 2002. "Active Ageing: A Policy Framework."

野村修也, 2009,『年金被害者を救え』, 岩波書店

岡室美恵子, 2008,「中国の介護保障」, 増田雅暢編著,『世界の介護保障』, 法律文化社, 175.

大淵寛, 1988,『出生力の経済学』, 中央大学出版部

大泉啓一郎, 2007,『老いてゆくアジア ── 繁栄の構図が変わるとき ──』, 中央公論社

大野晃, 2005,『山村環境社会学序説』, 社団法人農山漁村文化協会

朴根好, 1993,『韓国の経済発展とベトナム戦争』, 御茶の水書房

陸益龍, 2005,『超越戸口 ── 解読中国戸籍制度』, 中国社会科学院

堺屋太一, 1980,『団塊の世代』, 文藝春秋

佐々木衛, 2003,『費孝通 ── 民族自省の社会学 ──』, 東信堂

清家篤, 1998,『生涯現役社会の条件 ── 働く自由と引退する自由と』, 中央公論社

袖井孝子・陳立行編著, 2008,『転換期中国における社会保障と社会福祉』明石書店

総務省過疎対策室,
http://www.soumu.go.jp/main_sosiki/jichi_gyousei/c-gyousei/2001/kaso/kasomain0.htm

武川正吾・イ・ヘギョン, 2006,『福祉レジームの日韓比較 ── 社会保障・ジェンダー・労働市場』, 東京大学出版会

ヴァン・デ・カー, D. J., 福田亘孝訳, 2002,「先進諸国における第二の『人口転換』」,『人口問題研究』, 58-1.

Van de Kaa, D. J., 1997. "Options and Sequences: Europe's Demographic Patterns", *Journal of the Australian Population Association*, 14-1.

若林敬子, 2005,『中国の人口問題と社会的現実』, ミネルヴァ書房

若林敬子編著, 筒井紀美訳, 2006,『中国 人口問題のいま』, ミネルヴァ書房

財団法人ロングステイ財団, http://www.longstay.or.jp/

第 7 章

日本における介護保険サービス提供の理想と現実
―― 営利法人と NPO 法人との比較分析 ――

安立清史

はじめに

　介護保険制度についてはさまざまな評価があるが，NPO 研究では NPO 法人が，「準市場」としての介護保険においてどのような実態であり，営利法人や他の非営利法人などと比較して，どのような特徴があり，どのように違った役割や機能を果たしているのかが，研究関心を集めてきた[1]。厚生労働省の「介護サービス施設・事業所調査結果」(2007年) によれば NPO 法人の事業所シェアは，在宅系サービスでは，訪問介護で 5.9％，通所介護で 5.6％，居宅介護支援で 3.3％となっている[2]。しかし近年，NPO 法人の事業所は伸び悩んでいると言われている。また，2006 年 4 月から施行された改正介護保険法の影響が大きく，NPO 法人も離職問題や，経営難に直面していると言われる。

　この改正介護保険法は，介護予防が重視され要支援が 2 段階となり，新たに介護予防事業が導入されるなど大幅なものであったが，とくに同時に行われた介護報酬の見直しが介護保険事業者に大きな影響を与えたと言われる[3]。その結果，事業者の経営が難しくなり，介護現場におけ

---

[1] 社会福祉政策への市民参加の回路として NPO をとらえる見方として（安立，2005）また，福祉改革と NPO との関連については（安立，1998），介護保険発足後の NPO の展開については（安立，2001）（安立，2003）などがあげられる。
[2] 厚生労働省「平成 19 年 介護サービス施設・事業所調査結果」

る介護職員の離職が増大し，介護労働力が不足するようになったと言われている。また，介護保険事業者の間に介護保険制度の先行きに対する不安も増大しているようである。われわれは，有限責任中間法人 全国介護事業者協議会（民介協），有限責任中間法人 日本在宅介護協会（在宅協），社会福祉法人 全国社会福祉協議会（全社協），全国生活協同組合連合会（生協連），全国農業協同組合中央会（JA 全中），NPO 法人市民福祉団体全国協議会（市民協）という在宅系の介護保険事業者の主要6団体の協力をえて，在宅系サービスの介護事業所で起こっている変化や，離職・転職の状況，そして介護保険制度の先行きに対する事業者の意識などを調べる全国調査を実施した[4]。その結果の概要はすでに発表されているが[5]，本章では，この調査データの中から，NPO 法人と営利法人との比較を行い，離職・転職問題など介護保険改定による介護現場への影響がどのようなものだったのか，介護保険の先行きに対して事業者はどのように考えているのか，とくに NPO のような小規模事業者で何が起こっているのかを検証する。

1. 研究課題 ── 介護保険制度における民間非営利組織（NPO）の役割とは何か ──

介護保険は，従来の措置制度のもとでの社会福祉とは異なり，社会福祉法人や社会福祉協議会だけでなく，営利法人や生協，農協，NPO 法人なども事業者として参入してサービス提供者となることができるところに大きな特徴がある。しかしながら，実際の制度の運営は，法人種別

---

3) （二木，2007）は介護保険の前からその後の改正までを制度に批判的な視点から総合的にまとめている。
4) 介護保険発足後に行った NPO 法人への聞き取り調査から，介護 NPO リーダーの意識を紹介した（安立・藤田，2003）も参照されたい。
5) （改定介護保険制度調査委員会編，2008），（安立，2008c），（安立，2008d）等を参照。

が異なっても介護保険制度のもとで提供されるサービスに違いがあってはならないとされ，法人種別による違いが，制度の内側に現れないように規制されている。したがってサービス提供事業者の法人種別にみた違いやその比較調査研究などは，重要なテーマではあるにもかかわらず，必ずしも進んでいるとはいえない。事業実態やサービス内容（とりわけその質的な側面など）に関する法人種別の違い等を検証することは，事業者や事業所の協力をえてかなり長期間にわたる多面的な参与観察やデータの比較検証が必要になるだろう。郵送法によるアンケート調査などだけでは困難な研究課題である。しかしアンケート調査などによる量的調査のほうが適している課題も存在する。事業者である法人が介護保険の現状と将来について，どのような評価や意見を持っているかなど，評価や意見の違いの検証なども，そのひとつである。全国のさまざまな介護保険事業者が，介護保険の現状についてどう評価しているか，また制度の先行きについてどう考えているか等は，必ずしも介護保険制度の現実や実態そのものではないが，重要な研究課題だと考える。なぜなら，介護保険制度は，現実にその中で働いている人たちに支えられているヒューマン・サービスである以上，介護保険に携わっている人たちの意識は，制度の実態やあり方，そして将来の持続可能性に影響を与えるからである。法が法であるためには法律が存在するだけでは不十分であり，法に対する人びとの承認と信用・信頼が必要不可欠である。また経営者の景気判断が，景気の先行きに大きな影響を与えるように，介護保険制度の先行きに関しても，制度に対する事業者の評価や判断が影響を与えるはずである。事業者が信頼できない制度が長期的に持続できるはずはない。そしてそこで働く労働者たちも流出していくに違いないからである。その意味で，事業者の介護保険制度に対する評価や判断，そして離職率の動向は，介護保険制度の先行きに大きな影響を与えるに違いないのである。

　そこで，今回の調査において，全国的な離職・転職の動向の把握や，

その法人種別の違いを検証する。また制度についての評価や判断などの意見に関しても、営利法人とNPO法人との法人種別の違いを検討する。

2. 介護保険におけるNPO—行政関係

社会福祉におけるNPOの役割について古典的な研究としては、ラルフ・クレーマー（Ralph Kramer）のモデルがあげられよう[6]（図7-1）。クレーマーのモデルは欧米の福祉国家とボランタリー・アソシエーションとの役割の比較に関するモデルなので、日本の介護保険やNPO法人の分析に応用するにあたっては限界があることに留意する必要がある。とくに介護保険のような準市場における公私関係や、米国のNPO制度とはかなり異なった制度的な背景のもとにある日本のNPO法人に、かんたんには当てはめることはできない。しかしながら、多様なサービス提供事業者間の機能や役割分担を整理していくうえでは役立つだろう。クレーマーのモデルによれば、社会福祉におけるNPO法人の役割は、ニーズの発見や政府への刺激、そしてさまざまな独自性あるサービス提供をデモンストレーションしてそのフィージビリティを社会実験すること、また政府サービスの補足・補充や補完、代替機能などがあるとされる。介護保険は、社会保険としてすでに準市場をなしているので、このうち、他のサービス提供機関にたいする、補充や補完、代替機能などであると言えるだろう。はたして現況のNPO法人の役割はそうしたものであろうか。クレーマーのもうひとつの図（図7-2）を参照すれば、多様なサービス提供者との補完・補足をつうじたパートナーシップの形成

---

6) (Kramer, 1981) については、(安立, 2008a) が詳しく紹介している。また (後, 2009) でも紹介されている。またKramerをふまえてデニス・ヤングはNPOと政府との関係を「補充・相補・対抗」という3つの関係に整理している (Boris and Steuerle, eds., 1999)。

```
政府への刺激                    → 他の組織によるアイデアの適用
    ↑                          → プログラムの政府への移転
                               → 活動休止
ニーズの発見 ――→ デモンストレーション → 活動の継続
                                        │
                                  補足  補完  主要
                                   │
                              別の選択  代替
                                        │
                                   長期    短期
```

出所：(Kramer, 1981：234)

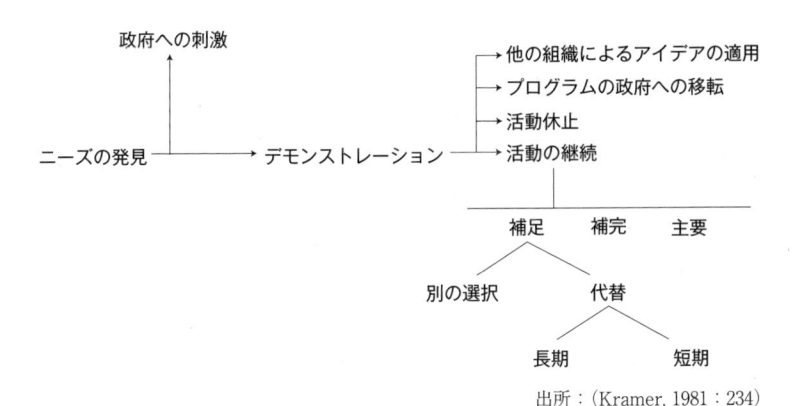

図7-1 NPOによるサービス提供役割のタイプ分類

	再民営化	エンパワーメント	現実的なパートナーシップ	政府直営	国営化
NPOの役割	もう一つの道	代替	補足 補完	障害	周辺的

P＝営利企業
G＝政府
V＝ボランタリー機関（NPO）

出所：(Kramer, 1981)（図表は，安立，2008aより）

図7-2 福祉サービス提供に関するセクター間関係の可能性

がひとつのモデル的な展開になるだろうが，現況ではNPO法人は，クレーマー・モデルの「周辺的存在」になっているようにも思われる。その原因のひとつは介護保険制度の運営の仕方にもあるだろう。

政治学者の後房雄は、介護保険制度を「準市場」における「バウチャー制度」のひとつとしてとらえている。後は「NPO―行政関係」には、補助金（grants）、契約（contracting）、サービス購入契約（purchase of service contracting）とバウチャー（vouchers）の4種がありうると整理している[7]。そして介護保険制度を、バウチャー制度であるとする。バウチャー制度とは「個人に対して、一定の範囲の物やサービスのなかから選択する限定的な購買力を付与する補助金」であり、介護保険は利用券は使わないものの、事実上のバウチャー制度であるとする。つまり介護保険サービスの利用者にコントロール権を与えて多様なサービス提供者からサービスを選択的に利用することを通じて、公共サービス改革につながるものだと評価している。また、バウチャー制度は、サービス内容が明確に指定されているが、費用が全面的に支給され、行政との契約でなく選択権をもった利用者との契約である点からみて、NPO法人にとって有益な制度となりうるとしている[8]。この点は、はたしてどうであろうか。次に実証的なデータから検討してみよう。

3. 営利法人とNPO法人との比較研究

(1) 営利法人とNPO法人の地域分布

まず今回のデータから、営利法人とNPO法人との地域的な分布について概観しておこう（図7-3、7-4）。

現状でみると、介護系NPO法人は、関東地方にもっとも多く、地域的に偏っているように見えるが、政令市とそれ以外との所在地別にみれば、大都市に集中しているのではないことが分かる。介護系NPO法人は、神奈川県の生活クラブ生協のワーカーズ・コレクティブなどから発

---

7)（後、2009：140-141）
8)（後、2009：151）

■関東 ■北海道・東北 ■九州・沖縄 □近畿 ■中部 ■四国 ■中国

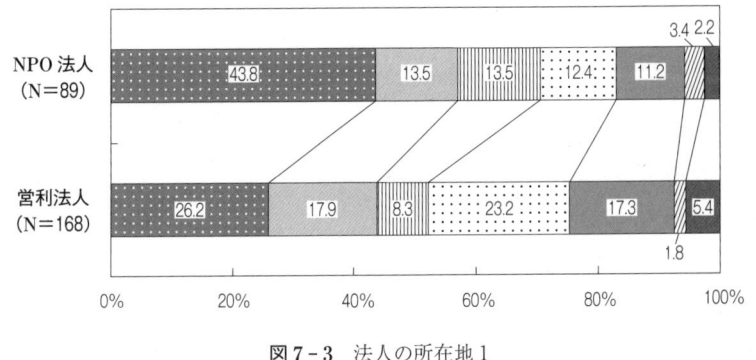

NPO法人 (N=89): 43.8 / 13.5 / 13.5 / 12.4 / 11.2 / 3.4 / 2.2

営利法人 (N=168): 26.2 / 17.9 / 8.3 / 23.2 / 17.3 / 1.8 / 5.4

図7-3　法人の所在地1

□ 政令市　■ それ以外の都市

NPO法人 (N=89): 25.8 / 74.2

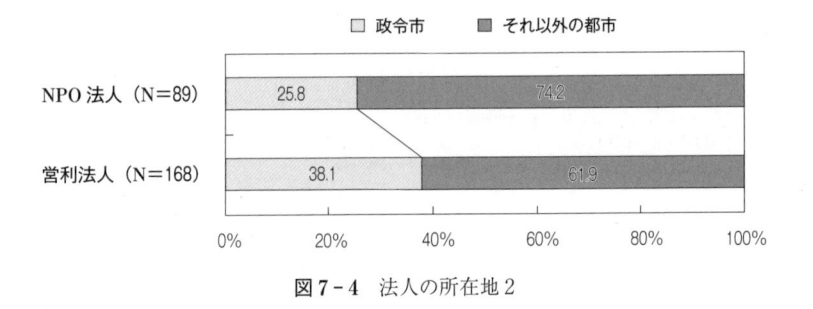

営利法人 (N=168): 38.1 / 61.9

図7-4　法人の所在地2

したものも多かったこと等の歴史的な経緯から，関東地区に多くみられるものの，その後の展開は，大都市部のみに限定されたものではなかったことが分かる。

(2) 営利法人とNPO法人の事業高の比較

法人の事業規模を，収入で計るにせよ，職員数で計るにせよ，利用者数で計るにせよ，郵送法によるアンケート調査データだけでは，かなり困難がある。職員数にしても，法人によって呼称や位置づけが異なる

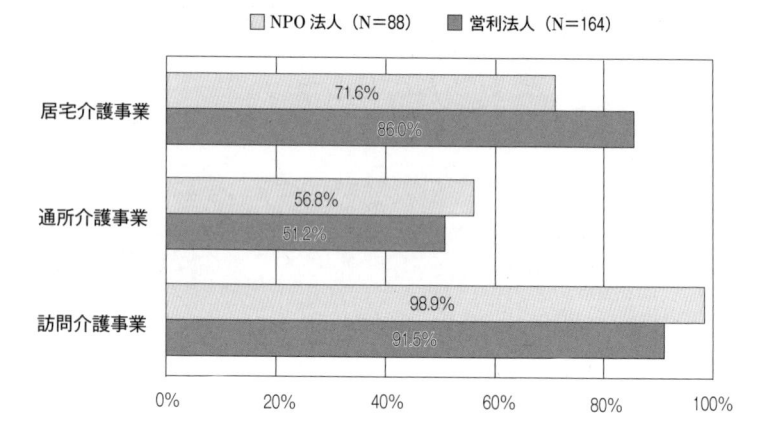

□ NPO法人（N=88）　■ 営利法人（N=164）

- 居宅介護事業: NPO法人 71.6%／営利法人 86.0%
- 通所介護事業: NPO法人 56.8%／営利法人 51.2%
- 訪問介護事業: NPO法人 98.9%／営利法人 91.5%

図7-5 法人ごとの実施事業（複数回答）

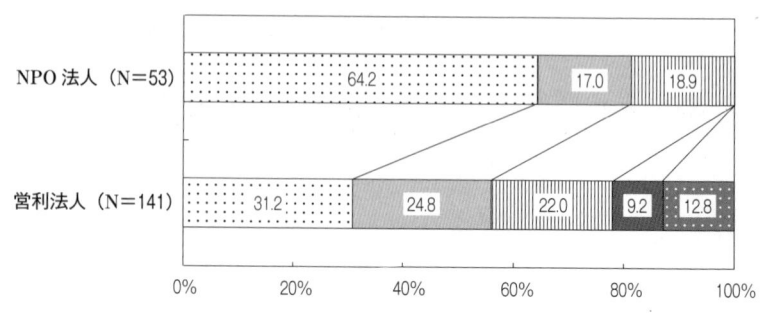

- NPO法人（N=53）: 500万円未満 64.2／500万円以上1000万円未満 17.0／1000万円以上3000万円未満 18.9
- 営利法人（N=141）: 500万円未満 31.2／500万円以上1000万円未満 24.8／1000万円以上3000万円未満 22.0／3000万円以上1億円未満 9.2／1億円以上 12.8

□500万円未満　■500万円以上1000万円未満　▥1000万円以上3000万円未満
■3000万円以上1億円未満　■1億円以上

図7-6 2007年3月における事業収入

し，正規職員，非正規職員という分け方だけでは実態を捉えきれない。利用者数にしても，1日当たりの平均利用者数なのか，のべ利用者数なのか，その把握はかなり困難である。アンケート調査の限界のほかにも，営利法人には，全国展開して事業所を多数かかえる法人もあれば，

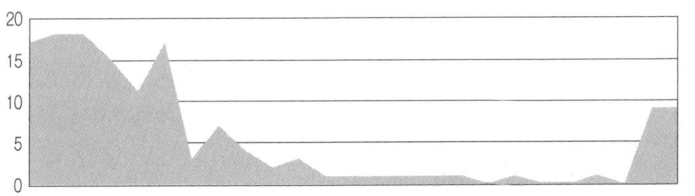

図7-7 2007年3月における営利法人の収入 (N=141)

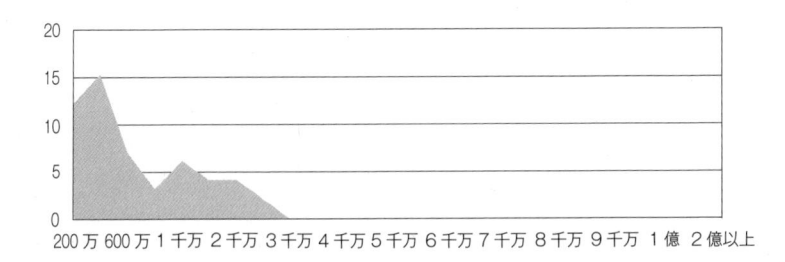

図7-8 2007年3月における NPO 法人の収入 (N=53)

そうでない法人もある。NPO法人の場合には，訪問介護を中心として，1法人当たりの平均事業所数が少ないなどの特徴がある。

こうした技術的な問題があることを考慮したうえで，介護保険法が改正された後の2007年3月期の事業収入を比較してみる（図7-6）。すると，営利法人とNPO法人との事業種別や事業収入の分布などを比較すると，大きな違いが現れていることが分かる（図7-7, 7-8）。まず，営利法人の場合には，事業高をみると，小規模型と大規模型に二分化しており，中規模型はあまりない。営利法人の法人特性として，全国展開して規模を大きく経営するか，小規模型として運営するかに経営合理性があるのかもしれない。それに対して，NPO法人は，その大半が小規模型であり，中規模も大規模もほとんど存在していない。現況でみるか

表7-1 職員の離職率・入職率（法人全体で算出した値）

	平均離職率		平均入職率	
	有効票数	%	有効票数	%
営利法人	140	29.1	140	25.0
NPO法人	81	14.8	81	13.3

注：離職率の数値は，まず有効票に記入された「18年度従業員数」と「離職者数」のそれぞれの合計を算出し，「離職者数」の合計を「18年度従業員」の合計で除して％とした値である。よって，事業所単位での離職率を考慮した値にはなっていない。入職率の数値は，まず有効票に記入された「18年度従業員数」と「入職者数」のそれぞれの合計を算出し，「採用者数」の合計を「18年度従業員」の合計で除して％とした値である。よって，事業所単位での入職率を考慮した値にはなっていない。調査票に「18年度従業員数」が記載されていないものは，集計から除外した。また，離職率の算出においては「離職者数」が記載されていないもの，入職率の算出においては「採用者数」が記載されていないものも，それぞれ集計から除外した。

表7-2 職員の在職率・離職率

	在職		離職		計
	人数	%	人数	%	
営利法人	38,986	70.9	16,015	29.1	55,001
NPO法人	3,316	85.2	574	14.8	3,890
計	42,302	71.8	16,589	28.2	58,891

注：有効票に記入された「18年度従業員数」と「離職者数」の値を基に平成19年3月における在職者数を算出した。営利法人とNPO法人の離職者数の比率に有意な差があるかどうかを吟味するため，2（在職 vs 離職）×2（営利法人 vs NPO法人）の χ^2 検定を行った。結果は1％水準で有意であり（$\chi^2(1)$=370.3, $p<.01$），営利法人の方がNPO法人よりも，離職者の比率が有意に大きいことが示された。

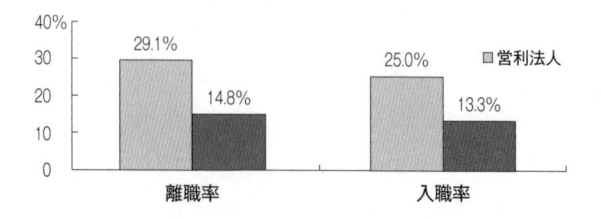

図7-9 職員の平均離職率と平均入職率（事業全体）

ぎり，NPO法人は多地域に進出したり，全国ネットワーク展開したりする方向を選択していない。

(3) 営利法人とNPO法人の離職率の比較

この結果をみると，営利法人のほうがNPO法人よりも有意に離職率が高いことが確認された（表7-1, 7-2, 図7-9）。では，離職の理由については，どうであろうか。

(4) 営利法人とNPO法人の離職理由の比較

これらのうち，営利法人とNPO法人との間に有意な違いが見いだされる項目はどれであろうか。クロス集計表のカイ二乗検定値を示す（図7-10, 表7-3）。

検定の結果，「賃金が低い」「体力に不安がある」および「研修や専門性向上の機会が少ない」で営利法人とNPO法人との間に有意差があることが確認された。このうち，「研修や専門性向上の機会が少ない」は該当するサンプル数が少ないので今回の分析からは除外する。また，「体力に不安がある」はNPO法人のほうが有意に高いのだが，法人の特性というよりは，法人に勤めている個々人の年齢その他の要因のほうが強く影響していると考えられるので，今回の分析結果からは，「賃金が低い」という理由が，営利法人とNPO法人とで有意に異なる離職理由である言える。

(5) 営利法人とNPO法人の介護保険の現状と先行きへの評価の比較

では次に，営利法人とNPO法人とでは，介護保険制度の現状や将来への評価は，どのように異なるであろうか。図表にすると次のとおりである。

介護保険の評価に関して，営利法人とNPO法人との間に有意差が認められる項目は，次の通りである。

図7-10　職員の離職・退職理由

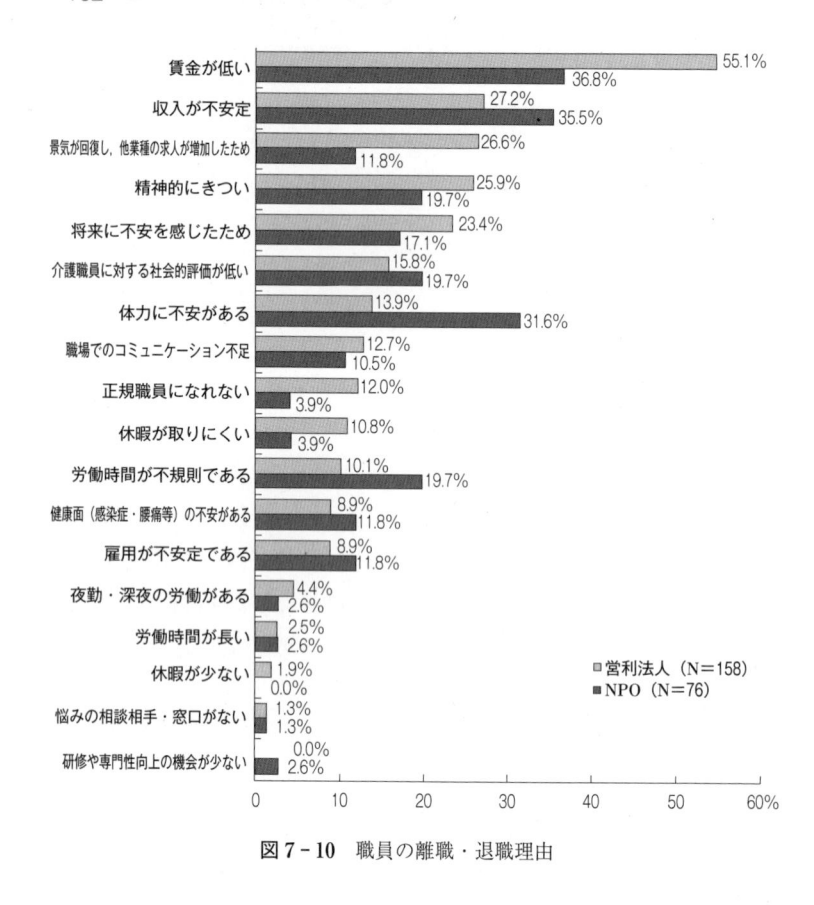

項目	営利法人(N=158)	NPO(N=76)
賃金が低い	55.1%	36.8%
収入が不安定	27.2%	35.5%
景気が回復し，他業種の求人が増加したため	26.6%	11.8%
精神的にきつい	25.9%	19.7%
将来に不安を感じたため	23.4%	17.1%
介護職員に対する社会的評価が低い	15.8%	19.7%
体力に不安がある	13.9%	31.6%
職場でのコミュニケーション不足	12.7%	10.5%
正規職員になれない	12.0%	3.9%
休暇が取りにくい	10.8%	3.9%
労働時間が不規則である	10.1%	19.7%
健康面（感染症・腰痛等）の不安がある	8.9%	11.8%
雇用が不安定である	8.9%	11.8%
夜勤・深夜の労働がある	4.4%	2.6%
労働時間が長い	2.5%	2.6%
休暇が少ない	1.9%	0.0%
悩みの相談相手・窓口がない	1.3%	1.3%
研修や専門性向上の機会が少ない	0.0%	2.6%

　意外なことに，介護保険の現状への評価や将来に関しては，福祉NPOと営利企業との違いがほとんどなかった。営利法人もNPO法人も，介護保険の現状に対しては，ほぼ同一の評価や意識をもっている（図7-11，図7-4）。なかでも注目されるのは，「使命感をもって仕事をしている」や「介護保険を通して地域に貢献している」「やりがいがある」などの項目である。結果をみると，こうした項目においては，NPO法人よりも，営利法人のほうが高い値を示している。つまり単純

表7-3 職員の離職・退職理由の比較

離職理由	営利法人 (N=158) 選択数	%	NPO (N=76) 選択数	%	χ^2
賃金が低い	87	55.1	28	36.8	6.81**
収入が不安定	43	27.2	27	35.5	1.69
景気が回復し、他業種の求人が増加したため	42	26.6	9	11.8	6.54*
精神的にきつい	41	25.9	15	19.7	1.09
将来に不安を感じたため	37	23.4	13	17.1	1.22
介護職員に対する社会的評価が低い	25	15.8	15	19.7	0.56
体力に不安がある	22	13.9	24	31.6	10.13**
職場でのコミュニケーション不足	20	12.7	8	10.5	0.22
正規職員になれない	19	12.0	3	3.9	3.93*
休暇が取りにくい	17	10.8	3	3.9	3.05
労働時間が不規則である	16	10.1	15	19.7	4.12*
雇用が不安定である	14	8.9	9	11.8	0.52
健康面(感染症・腰痛等)の不安がある	14	8.9	9	11.8	0.52
夜勤・深夜の労働がある	7	4.4	2	2.6	0.45
労働時間が長い	4	2.5	2	2.6	0.00
休暇が少ない	3	1.9	0	0.0	1.46
悩みの相談相手・窓口がない	2	1.3	1	1.3	0.00
研修や専門性向上の機会が少ない	0	0.0	2	2.6	4.19*

**p <.01, *p <.05

に考えると，NPO法人よりも営利法人のほうが，介護保険事業について使命感ややりがいをもってあたっており，地域に貢献していると自負していることになる。これは予想外の結果であった。ただし，統計的に有意差があるのは「介護保険を通して地域に貢献している」のみであるが，なぜこのような予想とは異なった結果が出ているのであろうか。考えられる第1の理由は「営利法人は，外部からのさまざまなアンケート調査の回答を，広報戦略の一環としてとらえており，広報効果や広告効果などを考慮しながら，慎重に戦略をもって回答している」ということである。ヒアリングによれば，ある大手の事業者は，事業所に送られて

グラフのデータ（営利法人／NPO法人）：
- 介護保険事業の将来の見通しは明るい：4.66 / 4.45
- 介護保険制度は、将来的に立ちゆかなくなる：4.26 / 4.14
- 介護保険は社会に財政的な負担をかけている：4.26 / 4.22
- 介護保険は介護の社会化に役立っていない：4.41 / 4.02
- 介護保険は利用者の自立に役立っていない：2.86 / 2.97
- 介護保険事業はやりがいがある：3.95 / 3.73
- 介護保険事業は、介護保険事業を通して地域に貢献している：2.97 / 2.81
- 介護保険制度の現状はだんだん悪くなっている：3.17 / 3.09
- 介護保険は家族の介護負担を軽減している：3.51 / 3.66
- 介護保険事業者として、使命感を持って仕事をしている：2.26 / 2.41

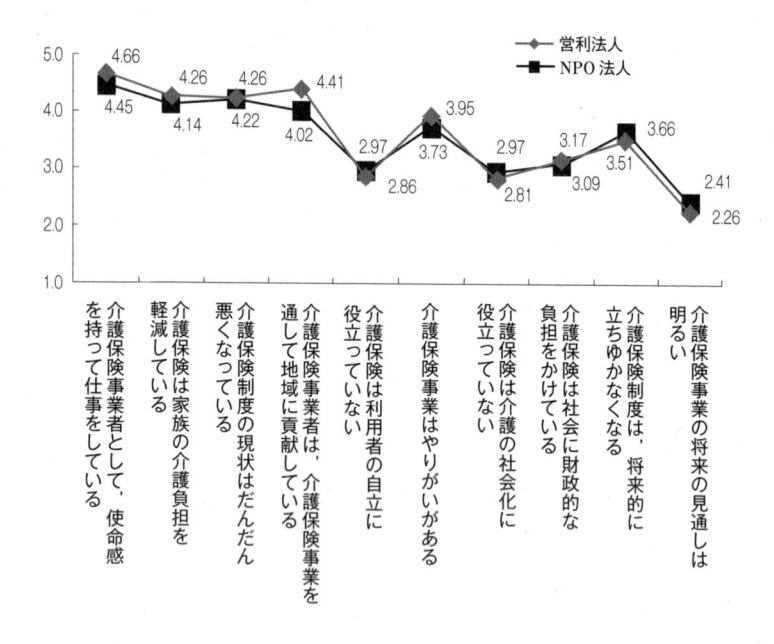

図7-11　介護保険の評価

くるアンケート調査はすべて中央本部に集めて，意思統一をはかったうえで回答している，と語っていた。このように，営利法人は，さまざまなアンケート調査に対して，NPO以上に意識的に対外効果を考慮しながら回答している可能性がある。それに対して，「少人数で運営している福祉NPOは，数多く送られてくるアンケート調査に，ゆっくり回答している余裕がないのだ」とヒアリングで語るNPO法人も多かった。したがってアンケート調査の結果は，慎重に考察する必要があろう。ただ背景となる事情がそうであったとしても，NPO法人からの回答に，なぜ使命感ややりがい感が低く出てくるのかは説明できない。しかも，今回のアンケート調査は，主要な6つの訪問介護事業者の団体を通じて，それぞれの団体からのお願い状も同封しての調査であったから，数

表7-4 介護保険の評価の法人種別による比較

項　目	営利法人 N	営利法人 平均	営利法人 SD	NPO法人 N	NPO法人 平均	NPO法人 SD	t	df
介護保険事業者として,使命感を持って仕事をしている	167	4.66	0.77	89	4.45	0.92	1.93	254
介護保険は家族の介護負担を軽減している	168	4.26	0.98	90	4.14	1.02	0.90	256
介護保険制度の現状はだんだん悪くなっている	168	4.26	0.90	89	4.22	0.95	0.26	255
介護保険事業者は,介護保険事業を通して地域に貢献している	167	4.41	0.86	89	4.02	0.94	3.35**	254
介護保険は利用者の自立に役立っていない	168	2.86	1.06	89	2.97	1.05	0.74	255
介護保険事業はやりがいがある	167	3.95	1.05	89	3.73	0.91	1.64	254
介護保険は介護の社会化に役立っていない	168	2.81	1.31	89	2.97	1.16	0.95	255
介護保険は社会に財政的な負担をかけている	168	3.17	1.10	90	3.09	1.16	0.53	256
介護保険制度は,将来的に立ちゆかなくなる	168	3.51	1.00	89	3.66	0.95	1.17	255
介護保険事業の将来の見通しは明るい	168	2.26	0.97	88	2.41	1.06	1.12	254

**p <.0

注：営利法人とNPO法人の各項目に対する5段階評定（「全くあてはまらない」=1～「非常にあてはまる」=5）の回答について，平均に有意な差がみられるかどうかを吟味するため，t検定を行った。

多く送られてくる他の一般的なアンケートとは違ったものではあったはずなのである。したがって，NPO法人からの回答は，忙しいから使命感が低くでた，とは考えられない。忙しいのはどの事業者も同じである。だとすれば，この理由は何であろうか。

もうひとつ気にあることがある。「介護保険は家族の介護負担を軽減している」，「介護保険は利用者の自立に役立っていない」，「介護保険は介護の社会化に役立っていない」といった介護保険の積極的な役割や機能，その効果に関する評価をみると，こうした項目に関しても，NPO法人の評価は，営利法人とほとんど同じである。

つまり，NPO法人は，介護保険の役割や機能，その効果について懐疑的になってきていることがみてとれる。また，介護保険制度の内側で活動することを通じて，営利法人とNPO法人との間に，あまり意識的な違いがなくなってきているとも考えられる。だとすれば，NPO法人側にとって，事態はより重大である。介護保険の先行きへの不安だけでなく，介護保険のあり方や効果そのものへの懐疑が広がっているとしたら，それは自分たちの活動の意義にも懐疑的になっているのかもしれないからである。

(6) 介護保険の評価の因子分析

ついで，介護保険の評価を，因子分析にかけてみよう（表7-5，7-6，図7-12）。

この結果が示していることは，第1に，「介護保険事業のやりがい」に関しては，NPO法人も営利法人もかなり高く評価しているということである。しかしながら，第2に，営利法人のほうがNPO法人よりも「介護保険事業のやりがい」に関して，より肯定的にとらえているということである（5％水準で有意）。第3に，NPO法人も営利法人も，介護保険制度の現状を，かなり機能不全におちいっていると評価しているということである。これは営利・非営利という法人種別をこえて，介護保険事業者が，介護保険サービスを提供しながら，ほぼ同様な評価を，現状の介護保険制度に下しているということを意味している。そして，第4に，介護保険制度の先行きに関して，NPO法人も営利法人も，ほぼ等しく不安感をもっているということである。

4. 考　察

今回の分析の結果，意外な発見は，介護保険制度のもとで活動する営利法人とNPO法人は，その組織の理念，規模や実態はかなり異なって

表7-5 介護保険の評価の因子分析

項　目	因子1	因子2	因子3
1. 介護保険事業者として，使命感を持って仕事をしている	**.828**	.277	-.011
4. 介護保険事業者は，介護保険事業を通して地域に貢献している	**.759**	.116	-.028
2. 介護保険は家族の介護負担を軽減している	**.747**	.012	-.141
6. 介護保険事業はやりがいがある	**.662**	-.143	-.088
10. 介護保険事業の将来の見通しは明るい	-.029	**-.775**	-.074
9. 介護保険制度は，将来的に立ちゆかなくなる	-.046	**.704**	.278
3. 介護保険制度の現状はだんだん悪くなっている	.305	**.531**	.214
5. 介護保険は利用者の自立に役立っていない	-.111	.068	**.564**
7. 介護保険は介護の社会化に役立っていない	.014	.103	**.554**
8. 介護保険は社会に財政的な負担をかけている	-.048	.129	**.274**

注：因子抽出には最小二乗法を用い，因子の回転にはバリマックス回転を用いた。

表7-6 介護保険の評価の法人種別による比較

	営利法人 N	営利法人 平均	営利法人 SD	NPO法人 N	NPO法人 平均	NPO法人 SD	t	df	p
介護保険事業のやりがい	168	4.32	0.75	90	4.08	0.80	2.38	256	.018*
介護保険制度の先行き不安	168	3.84	0.76	89	3.83	0.80	0.07	255	.940
介護保険制度の機能不全	168	2.95	0.79	90	3.01	0.78	0.63	256	.530

*p <.05

注：3つの因子の得点範囲は，1～5点である。営利法人とNPO法人の得点の平均に有意な差がみられるかどうかを吟味するため，t検定を行った。

いるのにもかかわらず，介護保険に対する評価や意見は，アンケート調査から把握されるかぎりにおいては，かなり類似しているということである。

これは何を意味しているのだろうか。

介護保険の制度運用が，法人種別の違いや事業者ごとの特徴や特性の

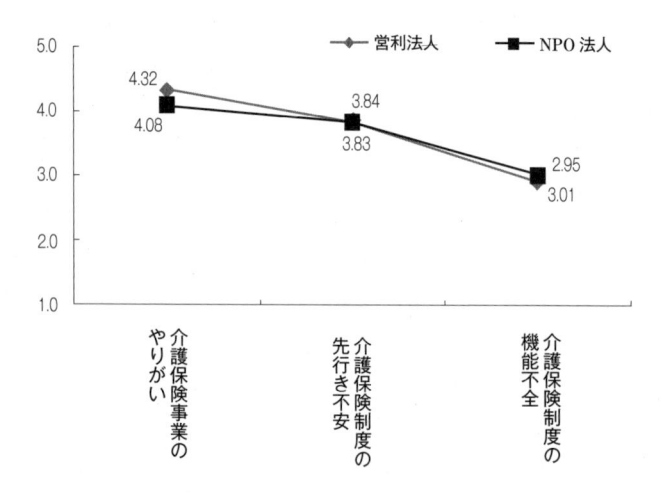

```
         ――◆―― 営利法人    ――■―― NPO法人
5.0

    4.32
4.0  ●         3.84
    4.08       ●
               3.83
3.0                        2.95
                           ●
                           3.01
2.0

1.0
     介       介          介
     護       護          護
     保       保          保
     険       険          険
     事       制          制
     業       度          度
     の       の          の
     や       先          機
     り       行          能
     が       き          不
     い       不          全
             安
```

図 7-12 介護保険の評価と将来不安（3因子の得点）

違い，規模の大小や地域差などにもかかわらず一様に適用されてきた結果，介護保険に対する評価や意見も，NPO法人と営利法人との違いが小さくなっているとも考えられる。しかしながら，営利法人とNPO法人とでは，組織としての理念や目標が異なるはずである。組織としての実態もかなり異なるはずである。そして，そこで働く人たちの動機や意識も違っているのではないだろうか。ところが，今回のアンケート調査によれば，調査対象が法人であり，多様な法人の意識をアンケートによる回答で代表できるかという手法的な限界はあるものの，営利法人とNPO法人との違いは，ほとんど見いだせなかった。有意差のある違いは，介護保険の「やりがい」や地域貢献意識であった。しかも予想とは逆の結果を示すものであったことは大きな驚きであった。これはさまざまな問題を考えさせる。

しかし今回の結果だけから，解釈しすぎることには慎重であるべきだ

ろう。したがって、今後のさらなる検証へ向けたいくつかの作業仮説を導くにとどめておこう。それは次のようなものである。

第1に、介護保険のインセンティブや事業動機についてさらに調査研究する必要がある。今回の調査結果からは、営利法人にくらべて非営利法人のほうが、介護保険への不満がやや高いことが示唆された。NPO法人など非営利法人は、その定義上、事業高や収益の拡大が法人としての参入動機や「やりがい」ではないだろうと想定されてきた。では、何が事業者としてのインセンティブになっているのであろうか。何が介護保険の現状への批判や不満の原因となっているのであろうか。非営利法人の介護保険事業にとりくむインセンティブや事業動機を高めるためには、どうしたらよいのか、今後の研究の課題であると言えよう。

第2に、NPO法人だけでなく、非営利法人の介護保険制度への評価や意識をさらに詳しく調査研究する必要がある。非営利法人には、NPO法人のほかにも農協や生協、医療法人や社会福祉法人など、さまざまな法人があり、運営の実態も意識もかなり異なっている。NPO法人によって非営利法人を代表させることはできないので、他の非営利法人の運営の現状や介護保険への評価や意識を、さらに調べていく必要があろう。また今回の調査は、在宅系の介護保険事業者に限定されており、社会福祉法人など介護福祉施設を運営する第一種社会福祉法人などはカバーしていない。2008年の介護保険制度改正によってもっとも大きな影響を受けたのが在宅系の事業者であると思われたので、今回の調査は在宅系に限定して行われたからだが、介護保険事業者の中心が医療系の「複合体」に移行しているという指摘もあり[9]、今後は、医療系や施設系の社会福祉法人などとの比較も行っていく必要があろう。

第3に、営利法人と非営利法人との違いについて、より多面的な比較や研究が必要である。介護保険は「準市場」制度であり営利法人も非営

---

9) (二木, 2007)

利法人も参入しているがゆえに，サービスの多様化やサービスの質の向上の可能性をもつとされてきた。しかしながら，今回の調査結果からは，営利法人とNPO法人との間に組織としての実態の違いは大きく存在するが，介護保険の現状に対する評価や意識は同一化している傾向が示唆された。このことが何をもたらすのかを検討しなければならない。介護保険制度の発足にあたって，多様な事業者があり，事業者間の競争などがあることが，サービスの量も質も高めることが想定されていたからである。ところが，現状では，法人による違いはどうなっているのか。より調査や研究が必要となろう。

5. まとめ

介護保険制度の発足以来の10年間の制度運営は，介護保険事業所に対する規制や管理・監督を強める傾向に進んできたと思われる。その結果，法人ごとの事業運営上の工夫や独自性が発揮しにくいと言われており，そのことが，多様な事業者の参加による多様なサービスの生産と，その結果としてのサービスの質の向上や，利用者主権の福祉サービス供給体制の確立という当初の制度理念と矛盾する方向へと介護保険制度を導いている可能性がある。また，NPO法人のような小規模事業体の意見や要望は，これまでの制度改正にあまり反映されてこなかったのではないか。そのことが，介護保険事業者の，先行き不安や制度に対する懐疑，そしてアノミー（介護保険制度のもとで事業を行うことへの無力感や無意味感）などにつながってはいないだろうか。

今回の調査結果だけから，あまり解釈しすぎることは慎まなければならないだろうが，NPO法人のような在宅系の小規模事業者の間に，介護保険制度に対する懐疑とアノミーが広がりつつある兆候とも考えられる。今後も継続的な調査研究が必要である。

介護保険制度は，市場メカニズムではなく，事業者の意欲に支えられ

たヒューマン・サービスである。多様な法人の多様な参加によって，サービスの量と質とが，ともに担保されなければ，制度そのものの持続可能性に危険信号がともるのではないだろうか。

参照文献

安立清史,2008a,『福祉NPOの社会学』,東京大学出版会
安立清史,2008b,「介護NPOの達成と課題」,上野千鶴子他編『ケアその思想と実践6 ケアを実践するしかけ』,岩波書店,pp. 99-115.
安立清史,2008c,「介護現場に広がる先行き不安感 —— 介護保険改定の影響に関する全国調査の結果から」,『介護保険情報』5月号,社会保険研究所:44-49.
安立清史,2008d,「介護保険改定による介護現場への影響 —— 全国調査の結果から」,『共生社会学』Vol. 6,九州大学大学院人間環境学研究院:89-111.
安立清史,2007,「社会政策とNPO」,『社会政策研究』No.7,東信堂:17-36.
安立清史,2005,「地域福祉における市民参加」,三重野卓・平岡公一編『福祉政策の理論と実際 —— 福祉社会学研究入門』[改訂版]東信堂,91-111.
安立清史,2003,「高齢者支援とNPO —— 介護保険のもとでのNPOの展開」,『現代社会学研究』Vol. 16,北海道社会学会:3-24.
安立清史,2001,「介護保険とNPO」,『介護保険情報』2月号,社会保険研究所:34-40.
安立清史,1998a,『市民福祉の社会学 —— 高齢化・福祉改革・NPO』,ハーベスト社
安立清史・藤田昌子,2003,「介護系NPOリーダーのコミュニティ意識」,『共生社会学』No. 3,九州大学大学院人間環境学研究院:17-37.
Boris, E. T. and E. C. Steuerle, eds., 1999, *Nonprofits and Government: Collaboration and Conflict,* Washington, D. C.: Urban Institute Press(上野真城子・山内直人訳,2007,『NPOと政府』,ミネルヴァ書房).
改定介護保険制度調査委員会編,2008,『介護保険制度の持続・発展を探る —— 介護保険改定の影響調査報告書』,長寿社会文化協会
厚生労働省,2008,「平成19年 介護サービス施設・事業所調査結果」
Kramer, R. M., 1981, *Voluntary Agencies in the Welfare State,* Berkeley: University of California Press.
Kramer, R. M., 1987, "Voluntary Agencies and the Personal Social Services," W. W. Powell, ed., *The Nonprofit Sector: A Research Handbook,* Yale University Press, pp. 240-257.
二木 立,2007,『介護保険制度の総合的研究』,勁草書房

後　房雄，2009,『NPOは公共サービスを担えるか』, 法律文化社
後　房雄，2009,『NPOは公共サービスを担えるか』, 法律文化社

第 8 章

東アジアに対する日本の高齢化対策の応用可能性

陳　暁嫻

はじめに

　東アジアにおける今後の高齢化は，日本の高齢化が経験した同じ道を辿っているかにみえる。それゆえに高齢化先進社会・日本の取り組みから学んだリスク対策を東アジアに応用することは，確かに有用であろう。しかし，現下の東アジアの諸地域は，必ずしもそのような応用を可能にする諸条件が整備されているとはいえない。経済発展の程度，社会保障整備状況の差，地域社会の機能などが厳然として存在するからである。また政治・経済的な条件の差だけでなく，同じ漢字文化圏に属しながら，社会言語状況は微妙な差を生み出しており，同じ儒教文化圏に属していたとはいえ，それぞれの地域で人々の考え方には差が生まれている。とりわけ家族というファクターを，どのように高齢化対策プログラムの中に取り入れるべきかについては，日中韓でかなり違いがある。戦争体験や文化大革命体験や高度経済成長など，それぞれが経験した歴史的背景の違いによって，高齢者の考え方も異なり，高齢者を支える地域社会をはじめとする民間非営利活動の組織化においても，お互いの違いが目立っている。

　本章においては，高齢化対策における「日本の経験」が，今後，人口高齢化がますます進んでいく東アジア，とりわけ中国にとって，何が参考となるのか，について考察し，さらにこれらの「経験」から得られた

ノウハウから，東アジアの高齢化対策を展望し，本章における一つの決着点としたい。

高齢化対策における「日本の経験」とは，主に，人口の少子高齢化の進行から見た日本の高齢化対策，また高齢者保障分野における法律整備と政策動向，さらに高齢化対策実践分野における住民参加の流れ，という3点に注目したい。国情や文化風土が異なるため，「日本の経験」を機械的，硬直的に東アジアの政策と実践現場に模倣や適用することはできない。「日本の経験」を客観的に分析し，批判することを通し，そこから得られた知恵を，いかに東アジアの高齢化対策の参考にするかが，小論の目的である。

1. なぜ「日本の経験」なのか

今日まで日本における高齢化対策に関する視座は，基本的に欧米先進諸国を歴史的に把握し，それをいかに日本と対照して考えていくのかが暗黙的な研究基調になっている。進んだ国の高齢化対策から，日本は何を学ぶか，またどのような制度が日本にとって導入可能なのか，そういった問題関心は日本の知的探求者の中に強くあっただろう。その結果として，欧米先進諸国をめぐる高齢化対策の比較研究は多数あって，発展途上国および地理的に日本に近い東アジア諸国に関しては，個別的・断片的な研究はあるものの，包括的かつ全面的な理論構築に到達する研究は，きわめて少ない。

しかし，1990年代に入ると経済・社会分野において，急速なグローバル化の進行に伴い，欧米型の福祉国家は，かつてないほどさまざまな困難に直面している。予測以上に急速な人口の少子高齢化，労働人口の減少をはじめ，年金・医療など従来の保障制度は危機にさらされ，一国の枠の中では，それらの問題解決が困難な時代となりつつある。

一方，日本に近い東アジア諸国は，いわゆる産業発展の後発国であ

り，産業育成や経済発展こそが国をあげての重要課題であり，それゆえに産業化過程における公的年金・医療保険制度や福祉サービスの提供を含む社会保障システムの整備は，ほとんど関心対象とはなり得なかった。それらの国では，市場化ないし市場原理主義の導入と展開により，従来の家族保障機能や地域相互扶助機能などが弱まり，さらに急速な人口高齢化が追い討ちをかけている。今後は高齢化対策が緊急の課題として求められるだろう。

　従来のキャッチ・アップ型の成長の時代が終焉した現在，日本がかつて辿ってきた経済発展プロセスと高齢化対策のシステム構築の経験は，これから高齢化対策システムを構築しようとする東アジアにとって良い肯定的な面も，半面，教訓としての否定的な面も，客観的に評価することが必要である。そのうえに，急速な少子高齢化の進展，地域社会の構造変動，ジェンダーなど，社会の構造変化に対応していく新たな高齢化対策システムの「基礎構造改革を行う再編の時代」に突入していることを明確に認識する必要がある。東アジア諸国の高齢化対策は，日本がモデルとして参考にしてきた欧米型の高齢化対策のみならず，東アジア諸国の経済発展段階（経済システム）や，その社会文化などの特質（社会文化システム）を考慮したうえでシステム構築を目指すべきではないか。単に東アジア型の追究と言っても，普遍的な解決を求めるのは至難の業である。たとえば中国のような複雑な事情を内包する国では，一国の内部で完結できる制度など求められない。今日まで，いくつかの曲折を辿ってきた日本も含め，アジア独自の多民族性・宗教問題・多様な地域文化との関連づけをどう見出すのか，といった問題意識を基層としながら，より普遍性な広がりを持つ制度構築が求められる。

2. 日本の人口高齢化の進行過程から学ぶもの

(1) 急速に老いていく日本と東アジア

日本は，第2次世界大戦後半世紀にわたって急速な人口高齢化が進行した。東アジアも同じく急速な高齢化を迎えている。日本人の平均寿命は，昭和22年（1947年）では男性50歳，女性53歳であったが，2008年では，男性79.29歳，女性86.05歳となった。経済発展に伴う生活水準の改善や医療水準の高まりにより，平均寿命は飛躍的に伸び，まさに人生50年から，80年に移行した。高齢化率は1970年に7％に達した後，14％に達したのは僅か24年後の1994年であった。さらに90年代からは，さらなるスピードで高齢率が上昇してきた。2008年には22％を超えた。

中国では，2000年から65歳以上の高齢者人口は7％を超え，ひたすら「経済中心」の社会づくりに専念した結果，あまりにも速い高齢化社会の到来に社会的衝撃が大きかった。準備不足と経験不足で，政策現場も実践現場も慌しい状況にある。日本の総人口に匹敵する高齢者人口総数は，あまりにも桁違いの大きな規模である。2008年では，65歳以上の高齢者人口は，1億900万人，総人口に占める割合は8.3％に達した。60歳以上の高齢者人口は，1億6000万人，12％を占めている。2040年にはピークを迎え，4人に1人が65歳以上の高齢者であると予測される。1990年代では，都市部の高齢化が農村より進んでいたが，2000年以後は，農村部の労働力の流出により，高齢者だけの世代が増え，農村の高齢化はもっと深刻な状況に直面している。独居高齢者，あるいは夫婦のみの世帯が増え，都市部では「空の巣家族（エンプティ・ネスト）」率は49.75％，農村では48.9％である。都市部では，子ども世帯の近所に別居のパターンが多く，農村では子ども家族が都市に出る場合が多い。実際，年金医療などの社会保険の加入率の低い農村高齢者の生活実態はもっと深刻と予想される。

「人戸分離」(戸籍を農村に置いたまま,都市に出て働く)現象が増加し,実際,農村地区の高齢化率の統計把握は極めて難しく,極端な地域では,日本の中山間地域や離島と似ていて,高齢者のみの世帯になってしまう自然村落が出ている。これらの地域では,一人暮らしや高齢者のみの世帯が日常生活を維持していくには,単なる経済的な保障だけでなく,地域住民としての「生活ミニマム」の諸状況の整備が必要となっている。これは,先行して経験している日本の過疎地区や離島の高齢化対策が実例として参考になるだろう。地域社会における団体,関係,人的資源などのソーシャルキャピタルの役割および潜在的な可能性が期待される。また,東アジアの伝統的な地域資源,儒教に基づく「孝」の精神や親族の助け合いを生かすには,社会全体がサポートしていく仕掛け作りが必要であり,特殊的な地域資源を普遍化するための調整・統合が求められるだろう。

(2) 少子化の同時急速進行

日本および東アジアの高齢化問題の共通点は,子どもを産まなくなった少子化により高齢化が加速化していく部分が大きい。子育てに対する社会支援の欠如がその一因となるだろう。女性の社会進出,晩婚・晩産化,欧米と比べ婚外子が極端に少ないことも,東アジアの出産文化の特徴である。また,近年,日本では経済的不安から若者の未婚化が進んでいる。結婚しない背景には,よい相手にめぐり合えないこと,独身生活による自由や経済的なゆとりに加え,近年は,結婚後の経済力,雇用が不安定のため,将来の生活設計が立てられないことを理由に,若者の未婚化が進んでいる。中国の都市部では,仕事に集中する高学歴層に,晩婚,未婚の傾向が増え,「結婚しなければならない」といった社会規範が徐々に緩み,結婚に対する価値観の変化から未婚者が増えている。日本でいう「婚活」という言葉は,中国でも自然に広がっている。

中国では,一人っ子政策が全国的に実施され,すでに30年経過し,

第1代目の「一人っ子」が結婚し，親になる年齢に入ろうとしている。一人っ子同士の結婚の場合，子どもを2人産んでもいいと政策的に規定されているが，実際，2人目を産む場合は少ない。大都会の上海は極端な例であり，あまりにも少子化がすすみ，1993年から連続15年，戸籍人口がマイナス成長し，そのまま継続されると2040年には，戸籍人口2人に1人が65歳以上の高齢者に占められてしまうという。現在，上海の戸籍人口の合計特殊出生率は0.9までに下がり，かつて一人っ子政策を推進してきた上海市計画出産委員会は，2009年8月に一人っ子同士の家庭における2人目子ども出産を奨励すると表明している。これは一人っ子政策が実施されてから，中国行政史上はじめての，出産奨励関連の発言である。しかし，具体的な政策はまだ何も出されておらず，実際の効果もあまり現れていない。

一人っ子政策が中国社会の急速な少子化をもたらした，とよくいわれるが，これは単なる表面上の問題に過ぎない。一人っ子政策は果たして中国の人口抑制政策として，期待どおり，役割を果たしたのか疑問である。計画出産行政を担当する「計画出産委員会」の発表では，一人っ子政策の実施によって，全国で合計3億人の新生児誕生が抑制されたことをもって，政策の効果を賞賛している。これはあくまでも出生率を，一人っ子政策が実施された1978年の状況を維持できたとしての推計結果である。2006年の全国の生育意欲調査によれば，一人っ子政策が終了しても，合計特殊出生率は1.8前後を維持するだろう[1]。少子化に歯止めはかからない。人口爆発がもたらす生産性の低下などを理由に，かつて韓国や台湾などの東アジア地区では，行政による出産介入の政策が実

---

1) 2006年，全国計画生育委員会が実施した「2006年全国人口と計画生育に関するサンプリング調査主要データ広報」によれば，女性の希望する子どもの数の平均は1.73人。そのうち，農村戸籍の女性は1.78人，都市戸籍の女性は1.6人。東沿海部では1.7人，中部地区は1.74人，西部地区では1.77人。それぞれ差がほとんどない。

施された歴史があった。一種の近代化の収斂ともいえるが，急速な近代化がもたらした都市化と近代的生活様式の普及に伴い，韓国や台湾などの東アジア地区の「計画出産行政」が歴史を終え，今度は逆に，急速な少子化に対策を講じなければならない時代に入っている。

以上のように，東アジア地区では，少子化の急速な進展により，人口構造が変動し，相乗的に高齢化がもたらされた。特に中国，韓国，台湾などの国・地域では，あまりにも急速な近代化により，女性の社会進出，子育て支援など，欧米諸国が1世紀にわたって経験した人口構造変動を，わずか30年のスピードで経験している。

日本の急速な少子化を，子育て難や女性の就労・意識の変化によってもたらされた「自主型少子化」パターンとするならば，中国の少子化は，出産制限政策による「強制型少子化」といえる。しかし，日本と同じように「自主型少子化」の段階に入った上海などの大都会では，出産抑制政策が少しずつ緩んできているものの，完全に政策は断念していない。そのため，まだ子育て支援政策が具現化されていない状態にある。今後，大都市だけでなく，中小都市や経済発展の進んだ農村地域では「強制型少子化」から「自主型少子化」への転換はいっそう進んでいくだろう。

3. 日本の高齢化対策および発信できる教訓

(1) 4つの変革期

第2次世界大戦以後，日本の高齢者政策においては，主に4つの激動の変革期を経験した。第1は，戦後の国民の貧困に対する緊急救済策を出発点とし，生活保護法（1950年），社会福祉事業法（1951年）が成立し，社会福祉行政の枠組みができた1940年代後半から1950年代初頭にかけての時期である。いわゆる救済型の高齢者保障対策である。第2の時期は，「新国民健康保険法」（1958年），「国民年金法」（1959年）の成

立によって,「皆保険」,「皆年金」体制が確立され,老人福祉法(1963年)などの福祉六法が成立された1950年代末から60年代前半にかけての時期である。所得の観点から高齢者保障の制度的整備を行った。第3は,老人医療費公費負担制度の始まり,年金保険や医療保険の幅広い給付改善があった1973年の「福祉元年」である。第4は,1982年の「老人保健法」の成立以降の日本の福祉政策の展開期である。高齢者の健康づくり,雇用問題,社会参加などの包括的な高齢化社会対策が講じられ,さらに急速に進行する高齢化に備え,高齢者の介護の問題が浮上してきた。高齢者保健福祉推進10ヵ年戦略(ゴールドプラン)(1989年),その見直しの新ゴールドプラン(1994年),さらに2000年の公的介護保険のスタートと共に同年6月には社会福祉法が成立した。

(2) 日本の総合的政策の成立

1980年代からの日本の制度的改革は,個別的な政策の変動から,徐々に高齢化社会に向けての総合的な政策へと,包括的な制度改革に移行した。

厚生行政以外の他省庁が積極的に高齢者対策に参入したことにより,政策面における総合的な調整を図ることが不可欠となっている。旧厚生省内の高齢者対策企画推進本部は,1986年4月に提出した「高齢者対策企画推進本部報告」の中で,日本の高齢者対策の基本方向を明示した。①自立自助と支援システムの構築,②社会活力の維持,③地域における施策の体系化と家族への支援システムの強化,④公平と公正の確保,⑤民間活力の導入の5点が挙げられる。

この報告を土台に「長寿社会対策大綱」が1986年6月にとりまとめられた。21世紀初頭の長寿社会の到来に備え,国民生活の安定と持続可能な経済社会の活力を維持するため,長寿時代にふさわしい経済社会システムの転換を図る目的であった。大綱における長寿社会形成の4つのサブ・システムは,雇用・所得保障システム,健康・福祉システム,

学習・社会参加システム，住宅・生活環境システムおよび研究開発の推進などが課題として提示されている。特に，政策の重点化・効率化・統合化，自助努力・家族・地域社会の役割重視と民間資源の活用が強調されていた。その大綱に基づき，対策の具現化を図ったのは，1989年に成立した「高齢者保健福祉推進10ヵ年戦略（ゴールドプラン）」であった。さらに，1995年には「高齢社会対策基本法」が成立した。その政策の流れには，高齢者を支える社会構築を目指す，政策統合への意思がうかがえる。

(3) 東アジアに発信できる教訓

日本が高齢化社会を迎えた道を振り返ってみて，いくつか教訓として東アジアに発信できるものを取り上げよう。

日本の高齢化対策が本格的に課題として俎上に載ったのは1980年代に入ってからである。農山村離島の過疎化とセットにして高齢化問題が浮上し始めた。しかも，その実態は急速な進行を見せていた。短期間で超高齢社会を迎えたので，その準備も短期間で備えなければならず，その結果，極めて場当たり的な対症療法や拙速主義に陥り，多くの失敗や矛盾を抱え込んだ。その最大の理由は，高齢化に対する認識が非常に甘かったといえる。

日本において「老人福祉法」が制定されたのは1963年，高度経済成長期の最中であり，当初，老人の面倒を見るのは家族の責任であるという，きわめてアジア型の高齢保障を主体にしたものである。しかし，1955年から1975年の20年間，核家族化が定着し，家族規模は5人から3人に縮小していた。高度経済成長の激動の期間では，従来の家族扶助意識や地域社会の連帯も大きく変化し，社会福祉は限定された人たちを対象とする救貧政策から，すべての人たちの生活の基礎的条件としての認識が広がっていた。1971年には，老人医療費支給制度が開始された。しかし「福祉元年」といわれた1973年の社会保障案は，その後，

すぐ取り下げられ,「日本型福祉」という後退路線に切り替えられた。老親の面倒はやはり家族がみるという古いタイプのアジア的家族責任論が背景にみえる。それが大きな破綻を迎えたのは当然の帰結であった。予想以上に高齢化が進み,高齢者福祉分野は大きな破綻を迎え,家族形態の変化,減速した経済発展などの要素に脅かされ,高齢化対策の再編成が余儀なくされる。1989年の高齢者保健福祉推進10ヵ年戦略（ゴールドプラン）の作成,その上方修正が余儀なく迫ってきた。さらに2000年4月から,ドイツに次ぐ世界で2例目の公的介護保険の実施が始まり,高齢者の介護を社会全体で支える仕組みができた。公的介護保険制度に関する是非をここで論じることは省くが,政策立案をめぐる議論が充分に煮詰められないまま,あるいは国民の充分な合意を得られないまま,実施に踏み切っている。一方で,地方分権化の進展による地域独自の福祉プランの登場,多様な福祉ニーズに応える供給元の多様化,ことに民活化が一つの流れを形成している。

さらに少子化対策の見直しが新たな視点から問題提起され,エンゼルプランの実施に踏み切った。しかし,一度低下した合計特殊出生率が元に戻るのは極めて困難である。1.57ショックから年々下降し,ついに2007年には1.34にまで低下した。一連の政策の失敗と言わざるをえない。

80年代以降の,この四分の一世紀の間に,日本の高齢化問題をめぐる社会政策的対応は多分野に展開されてはいるが,結論から言えば,急速に進んだ高齢化の実態には追いつかなかった。政策的な一連の努力は見られるものの,日本の高齢化対策が成功したとは言いがたい。政策的な対応よりも常に現実の高齢化の進行のほうが速かった。これは,今の中国にも当てはまる。中国は今後,日本以上に高齢化が進行していくと予測されるが,それに備える対策の全体的なビジョンが,いまだに見えてこない現実にある。

(4) 中国独自のジレンマと困難さ

「未富先老」という中国語が示すとおり,「充分に経済的に豊かになっていない段階に,先に年をとっていく」,いわゆる発展途上国が直面する厳しい高齢化の現実である。特に,膨大な人口を抱えている中国では,高齢化問題のほかに,教育や失業対策など,どうしても優先し解決しなければならない問題が山積している。

日本以上に対策が難しいと考えられる原因としては,まず「途上国」における高齢化問題の対応がある。日本では高齢化が7％に達したのは1970年,すでに経済先進国の仲間入りを果たし,高齢化社会に備える財力は,今日の中国よりも経済的な余裕があったと思われる。その段階では,高齢者をめぐる社会保障は,すでに制度的に完備していたといえよう。国民皆年金制度と国民医療保険が実施され,福祉関連法が設定されていた。しかし,中国では改革開放後,高度経済成長は30年近く続いているが,高齢化対策による公的出費はまだ充分とはいえない状態にある。1996年に,「老年人権益保護法」が制定され,家族による高齢者私的扶養に法律的な根拠が与えられ,事実上,子どもによる老親扶養は強化された。年金生活の高齢者は全体の3割しかおらず,殆どの高齢者は年をとって経済的に自立できなかったら,子どもに頼るしかない状態にある。制度的な構築も模索中である。経済発展がなければ,制度的な構築が難しいことは明白である。

また,中国は社会経済発展の地域格差の問題にも悩まされている。高齢化問題の進行はそれぞれ地域において,進展が異なり,それぞれ異なる対応が求められるだろう。大都市では緊急課題として高齢化問題対策は俎上に載せられている。上海の実情を例にとっても,0〜14歳の年少人口の割合は14％にすぎず,合計特殊出生率は0.8人に下がった。先進国以上に少子高齢化が進んでいる。しかし,高齢化対策の大綱がなく,高齢者福祉は貧弱な状態のままである。中国もまた,厳しい現実と対応策・問題解決との間に大きなジレンマを抱えている。

地域の経済格差が大きいため,全国的に,一様的な高齢化対策をめぐる制度的構築が不可能と見られる。中央政府の大きなビジョンが示されないかぎり,地方行政に委ねるしかない。深刻な高齢化が進んでいる大都市では,強い地方財力を持っているため,高齢化対策に少しずつ財力や人的資源を投入し始めている。現金給付やサービス給付が始まり,高齢者福祉給付を増やしている。上海では,一人暮しの高齢者の地域生活を支援するためにホームヘルパーの派遣やデイサービスの提供など,多様な在宅サービスが登場している。

4. 上海の在宅サービスの展開

中国の在宅サービスの展開は,まさに地域で実験し,全国的に広がっていく「下からの政策実験」である。上海では,2004年に全国的に先駆けて,在宅サービスがスタートした。その次は大連,青島,武漢,蘇州など社会改革の実験地区で広がっていった。

2008年1月,全国老齢弁をはじめ,国家発展改革委員会,教育部,民政部,労働保障部,財政部,建設部,衛生部,計画生育委員会,税務総局などの10の中央省庁の連名による,「全面的に居宅養老サービスを推進する意見」という答申が出された。これによって上海などの実験地域の経験を参考に,本格的に全国で在宅サービスの推進が始まった。「意見」では,主に「社区」(社区については本書5章を参照)を受け皿として,高齢者に生活ケア,家事援助,リハビリ,精神的ケアなどを内容とする在宅サービスを推進すると規定している。第11回五ヵ年(2005~2010年)期間中の目標としては,①都市部の「社区」では,在宅サービス施設を普及,サービス内容を充足させ,全国的なネットワークの構築を目指す,②専門職の育成と同時に,ボランティア活動を活用する,③在宅サービスの評価体制の導入,④農村「社区」では,敬老院をベースに,入居施設,在宅サービスなどの総合拠点作りを目指

し，80％の郷（鎮）では，少なくとも，このような総合施設を1ヵ所整備し，1/3の村（あるいは自然村）に高齢者文化活動拠点および在宅サービス拠点を建設する。

また，その前の2006年7月には，人事部および民政部から「社会工作師（ソーシャルワーカー）職業水準評価に関する暫定規定」と「助理社会工作師（准ジュニアソーシャルワーカー）及び（ソーシャルワーカー）資格認定の実施方法」が公表され，2008年6月に1回目の資格試験が実施された。全国で13.6万人が受験し合格した。折しも同年5月12日に起こった四川省汶川大地震では，これらの人材が現場で救難活動に当たった。震災地で活躍したソーシャルワーカーたちの存在は，全国から注目を集めた。

上海では，中国全土で最も早い2004年から，居宅サービスを制度化する動きがようやく出てきた。上海市民政局による「居宅養老サービス事業促進に関する通達」（上海民福発「2004年」6号）が出され，ホームヘルプサービスが始まった。地方政府として初めて，在宅サービスの定義，内容，運営方式などが明示され，財源確保，人材育成，持続可能なシステム構築が始動した。

「通達」では，コミュニティ・「社区」を受け皿とし，在宅サービス体系の確立を目標とし，主に4つの推進原則を立てている。①初段階では，都市部において先行させ，次に農村部に移行させること。②利用者自己負担でサービスを買う枠と，低所得の利用者に対して行政補助を行う枠の組み合わせを原則とする。③政府推進と市場化運営システムの組み合わせを原則とする。④高齢者サービスと再就職促進との組み合わせを原則とする。

つまり，農村部より基盤整備が一歩進んでいる都市部の社区において，先行的に実施するのは，居宅サービスの需要がかなり高まっている証左である。上海には，65歳以上の高齢者は230万人，その中で介護が必要な高齢者は15万人といわれ，ほとんど家族の手助けによって在

宅暮らしをしていると見られる。居宅サービスの需要は，従来の身寄りのない高齢者ばかりでなく，一般的な高齢者にも広がっている。

その点について，原則②に根拠を示しているように，自己負担の枠と低所得者に対する行政補助により，サービスの普及を図るのが狙いである。必要とする高齢者に必要なサービスを届けることで，従来の「家政婦」利用を中心とする「買うサービス」から，徐々に公的サービスの整備へと転換することを目指している。

原則③に示した「市場化運営システム」は，「福祉の社会化」の一環と理解していい。民間運営方式の導入は，国や地方政府にとって支出削減につながり，効果的な対策と考えられる。従来の国営施設は国有企業と同様に効率が悪い。特に国家運営方式では，管理体制の硬直化や職員のサービスの質の低下などが，しばしば問題となっている。市場化運営あるいは民間運営方式の導入は，市場競争など柔軟かつ合理的な原理の作用によって，多分野からの福祉事業の参入促進が期待される。

人材確保については，原則④に示したように，在宅サービスと「社区助老と万人再就職支援プロジェクト」の結合によって，失業者の再就職口を創出する方向が明確となった。失業者が急増しているなか，特に40歳代，50歳代で，技能を持たない人の再就職は，上海のような大都会では非常に困難である。「4050プロジェクト」とも称される政策によって，40歳代，50歳代の人をホームヘルパーとして再訓練する事業も始まっている。

福祉の仕事は，「低賃金で汚い仕事」といった先入観があり，特に介護現場での仕事は，資格化や制度化されていない実情もあり，通常，人が就きたくない仕事と思われている。実際，上海のような都会では，介護スタッフは，ほとんど介護訓練を受けていない内陸部から出稼ぎに来ている人に依存してきた。

筆者が，2007年1月に上海の民間施設を調査訪問した際，介護スタッフの確保が大きな問題として民間施設運営者を悩ませている事実を

確認した。スタッフの定着率は極めて低い。都会に出て，仕事を見つけにくい段階でとりあえず施設で働くケースが多い。徐々に活動の輪が広がると，介護以外に転職するケースが多発している。低賃金労働のわりに勤務時間が長く，とくに仕事の内容が若い人から嫌われる。新規採用されて介護スキルの訓練を施設内で受け，一人前になるまで最低でも3ヵ月はかかる。せっかく通常どおり働けるようになったとたんに転職してしまう。施設側にとっては，大きな損失になる。

上海では，現在，19の行政区すべてに居宅養老サービスセンターを設置し，233の街道（行政の末端組織）においてサービス拠点を設けている。デイサービスは83ヵ所できた。区および街道などの末端行政が中心的な役割を果たし，運営は行政のほかに，居民委員会，そして地域住民が中心となり，実質上の民間非営利組織となっている。

上海では，主に労働局と社会保障局が訓練学校を運営し，失業者に向けて講座を用意した。05年から年間360人を養成しているという。さらに「評価員」制度が導入され，利用者のケアマネジメントを行っている。

実施主体については明確な規定はないが，地域では，区あるいはその下にある街道ごとに居宅養老サービスセンターが設置され，運営主体となる。「民弁非企業単位」というNPO法人として登録する。筆者の調査では，上海の嘉定区，普陀区など新しい居宅養老サービスセンターを設置する場合もあるが，ほとんどは従来の居民委員会の活動の場をサービスセンターに転化し，また従事スタッフも居民委員会から転属されてきた人が多い。つまり母体は居民委員会といってよい。行政補助については，サービスチケット方式を導入し，行政はサービスを必要とする低所得高齢者などに利用チケットを配給する。具体的な対象者は，下記のとおり主に4タイプある。

① 低所得者で，生活保護世帯や経済的に困窮な世帯を対象に，補助金額は1人当たり月に100～250元となる。

② 特殊な社会貢献を果たした高齢者，傷痍（軍人とその家族，遺族），省市クラスの労働者模範（国に表彰された人などを含む），帰国華僑などを対象に，1人当たり月に 50〜250 元補助を行う。
③ 100 歳以上の高齢者。補助金額は一律 100 元となる。
④ 80 歳以上のその他の高齢者（上記の 3 タイプの高齢者以外）。このタイプの高齢者に対しては，居宅養老サービスを利用する場合，サービス料の 15％が割引される。ただし，月の最高補助額は 150 元を超えない。

5. 提　案 —— 結びにかえて ——

(1) 高齢化に対する取り組みについての諸概念の整理と普及

日本は人口高齢先進国として東アジアから注目されている。特に 2000 年 4 月からスタートした公的介護保険制度に，中国ではかなり注目が払われている。韓国では 2004 年から社会保険方式の老人長期療養保険制度のモデル事業が開始し，現場では日本との交流，日本から学ぶ活動が増えている。中国でも，同じように民生事業の国際交流を掲げ，今後，現場レベルの日本との交流が進んでいくだろう。施設および在宅サービスの整備，介護保険をめぐる政策概念の登場など，高齢化対策をめぐる諸概念の東アジア諸国における整備が緊急の課題として浮上している。同じ漢字文化圏といっても，漢字をめぐる意味や解釈の違い，あるいは微妙なニュアンスの違い，とりわけ福祉分野では，ヨコ文字の増加など，相互の言語環境を調整・統合する必要性が出てくる。「グループホーム」や「ユニットケア」などのサービスに関する専門用語は，制度や政策を下敷きに解釈され，また現場で誕生した専門用語は，それぞれ現場の背景説明などが必要である。これは双方の専門家および現場の実務者がかかわらなくてはならない共同作業であり，かつ現場にフィードバックされて活きてくるものである。これらの基礎作業は，日本をは

じめ，東アジア諸国でも，丹念に整備していかねばならない。

(2) 地域における日本の高齢化対策の実例の発信

　急速に近代化され，そして急速に高齢化していく東アジア。その辿りつつある道は日本と似通っていて，日本の地域社会におけるユニークな対応が，問題解決のヒントをもたらすだろう。日本の高齢化対策の応用可能性を考えるには，日本の政策経験，制度構築はもちろん，地域における日本のユニークな取り組みも重視しなければならない。これらの日本の実例は，東アジア諸国にとって，制度や政策の違いを超え，より実質的な高齢化リスク対策に，有効な知恵と情報を提供していくに違いない。

　現段階では，高齢化対策にかかわる日中韓の相互情報交換は，専門家の間をはじめ，いろいろな機会が設けられ，交流を広げ議論を深めている。日本の公的介護保険の実施は，東アジアから，その制度と政策動向について注目されている。中国では，日本の社会保障制度，また介護保険制度を紹介する書籍も増えている。

　とりわけ，現段階では，地域における日本の高齢化対策の実例について，積極的に東アジア諸国への発信が必要となっている。特に欧米と異なり，日本ならではの風土文化に即したユニークな地域での対応や実例は，東アジア諸国にとって大きな参考になるだろう。

　特に日本の都市や地域社会における高齢者のクラブ活動，老年学級，NPO活動，ボランティア活動，シルバー人材センター，ねんりんピックなど，元気な高齢者の地域での活動やアクティブ・エイジングをめぐる取り組みは，参考になるだろう。離島や中山間地域の地域住民の助け合い活動，ふれあい活動，世代を超えた交流活動なども，きめ細かく東アジアに発信すべきだろう。公民館，入居施設における地域住民との交流，地域密着活動などによる関係づくり，ネットワークづくりなど，成功例ばかりではなく，失敗例や本音も含め，ありのままの紹介が求めら

れる。

(3) 研究成果の交流と共用

　東アジア，とりわけ日中韓の間では，高齢化研究分野の研究者同士の交流が年々増えている。大学をはじめとする研究機関では，3つの国の人口高齢化をめぐる基礎データの整理と共有，さらに少子高齢化対策をめぐる論争について一致している部分が多い。次の段階に繋がるステップを踏み出す必要が，いま来ているのではないか。もっと高度な共同作業で基礎データベースの作成，専門用語の整理，質の高い情報集中および配信プラットフォームの構築，グローバル政策に関するシンクタンクの立ち上げ，人材育成に関する共同作業などが今後ますます求められ，この意味で高齢化先進国としての日本の存在とノウハウが大いに期待されるに違いない。

　「生産的福祉」をスローガンに掲げている韓国では，21世紀の初頭から，これに沿った一連の社会政策を打ち出し，福祉国家の道を急速に歩み出した。一方，2009年10月に建国60周年を迎えた中国は，社会保障に取り組む対策及び戦略として，現存の「残余的・選別的モデル」から，2049年の建国100周年には，「適度の普遍的モデル」の構築を目指し，最終的には「福利社会」を実現させるという[2]。急速に近代化の道を進んでいる東アジア諸国は，いま世界経済から，最も活発な地域として注目されている。いままで人口ボーナスを享受し，安価な労働力など

---

2) 民政部によると，2049年に中国の福利社会の実現を目指し，養老，医療などの社会保障の国民皆保険の実現を目標としている。さらに，2009年10月から，農村部の養老金皆保険制度（新型農村社会養老保険制度）を10％の農村地区で実施し，2020年までに全国で実施するようにする。これまで保険は農民が自ら保険金を支払っていたが，皆保険制度では中央財政が保険金の一部を負担するという。この制度は，個人と団体が支払う累積式個人口座と国や地方政府が直接補償する基礎養老金の2つで構成される。

で経済を牽引してきた東アジアだが,今後は日本と同じように少子高齢化という内憂を抱え込みながら,これをいかに乗り越え,解決していくのか。そのプロセスにおいて,日本の対策と経験が,どのように活用・応用されるのだろうか。大いに期待される。

参考文献
陳暁嫻,2008,「中国の"福祉の社会化"について —— 高齢者サービスの多元化と民営化の政策射程 —— 」,『共生社会学』第6号,九州大学大学院人間環境学研究院
広井良典,2003,『アジアの社会保障』,東京大学出版会
菱田雅晴,2000,『現代中国の構造変動5 社会:国家との共棲関係』,東京大学出版会
中兼和津次編,2000,『現代中国の構造変動2 −経済』,東京大学出版会
大沢真理子編著,2004,『アジア諸国の福祉戦略』,ミネルヴァ書房
易富賢,2007,『空巣大国 —— 走入岐途的中国計画生育 —— 』,(香港)大風出版社

第 9 章

新しい社会的リスクとしての国境を越える人口移動

小川全夫

はじめに

　世界的にいま問題になっているのが，女性の新しい人口移動として家事や看護や介護などの分野で生じている現象である。少子高齢化に伴う社会変化に対応するために，国内の女性を労働力化すればするほど，育児や老親の世話を託するメイドや施設や機関の需要が増え，そのコストを軽減するためには外国からの労働力を導入せざるを得なくなっているのである。またそのような少子高齢化した諸地域の周辺には，まだ「人口転換」が図れずに多くの若い労働力の失業状態が慢性化している状況があり，この構造的な差を埋めるべく，多くのメイド，看護師，ケアギバーと呼ばれる女性が国際的な人口移動を行っている。それは女性学の研究者からは「再生産労働の搾取」とか「移民の女性化」などと批判されているが，当面沈静化する気配はない。さまざまな課題を抱えながらも着実に国境を越える人口移動は，少子高齢化した社会の中でありふれた模様となりつつある。

1. 高齢化に対するドメスティックな体制に対する挑戦

(1) 日本における限定的な日系人の受け入れ

　日本は，バブル経済に沸いた 1980 年代から 1990 年代半ばにかけての

労働力の不足に際して,世界の「日系人」に労働ビザを発行するという方法で,外国からの労働力を導入し始めた。戦前から1970年までは日本から北米や中南米やアジアに多くの移民を送り出していたために,それぞれの地域にその子孫である日系人が住んでいた。血統主義をとっている日本国籍では,日本人移民の子孫はなお日本人と同じ権利が残る可能性があり,移住先の国籍制度との違いもあって,日系人の労働ビザに対しては特別の措置を講じなければならない背景もあったが,なによりも国内の労働者確保に苦労していた産業界では,てっとり早い代替労働力として注目したといえる。

また中国や東南アジアからは,「技能研修生」という枠組みで人材を受け入れる枠組みを作ったが,それは労働ビザではなく,あくまでも特定活動ビザといういわば働きながら学ぶあいまいな性格のビザであるため,実際にはこの研修生を労働力として処遇し,非合法の労働を強いる企業が多く,批判が高まっている。またエンターティナーのような特別の技能をもった人々の短期間の興業ビザを発給して社会的ニーズに応えてきたが,実質的には不法滞在の温床になってきた。

つまり日本は,基本的には移民の受け入れはしないという姿勢を崩してはいない。一時的な便法として特定の資格に基づく外国人受け入れはするが,基本的には帰国してもらうことを前提にしている。だが次第に日本で働く外国人が日本人と結婚したり,不法滞在したりすることで,定住化が進んでいる。

そこに新しい要素として2008年からは「EPA(二国間自由貿易協定)」が加わって,その中に「自然人の移動」という項目が入ることで,看護や介護の分野での外国人有資格者の受け入れが始まったのである。それは,世界的に始まっている国際的な看護・介護労働力の市場競争に日本も加わったということを意味する。

(2) 中国における海外からの帰還受け入れ

　中国では，広い国内で地域間格差があり，それを埋めるように大量の人口移動が生じており，海外からの人口移動を大量に受け入れる状況にはない。しかしながら，これまで長年にわたって海外に送り出してきた移民や留学生が，経済成長著しい中国に戻ってくる傾向が出ている。また，海外移民の中には老後を母国に戻って暮らそうという人々もいる。このように中国の周辺には華僑といわれる大量の海外中国人の存在があり，「中華人民共和国の帰国華僑・国内在住家族の権益保護法」というもので，中国国内にかれらが戻って生活できるように法的措置を講じている。

(3) 韓国における在韓外国人処遇基本法

　韓国では，2005年に「外国人政策の基本方向及び推進体系」をまとめ，2007年には，「在韓外国人処遇基本法」を制定している。これには3つの特徴があるといわれている。第1には，「雇用許可制」である。日本と同じような外国人研修・技能実習生制度が韓国でも行われていたが，そのあいまいな性格のために非合法の労働条件に置かれる外国人が多かったことを改善するために，明確に労働ビザを発給できるようにしたのである。第2に，「結婚移民者」である。韓国の2006年の結婚組数93,786件のうちの39,690件（11.9％）が国際結婚だった。農村では41％の相手が外国人であったという。韓国では，家庭内暴力や子どもに対する差別問題を解決する必要に迫られていたのである。第3に「人権擁護」である。韓国の人権擁護運動は大きな広がりを示しており，「国家人権政策基本計画勧告」（2006年）には，その対象の中に外国人問題を取り込んでいた。

　韓国の「外国人政策の基本方向及び推進体系」では，その政策環境の変化に言及して，急速な低出産・高齢化を指摘している。そしてこれまでの政策からのパラダイムシフトを次のようにまとめている。

表9-1 外国人政策のパラダイム転換

区　　分	現　　在	未　　来
政策の基礎	国益優先・統制中心	国益と人権保障の均衡
外国人の処遇	一括活用の対象	共に生きる隣人
関連法令	個別法	在韓外国人処遇基本法制定
推進体系	所管部処別	総括推進システム構築
政策評価	断片的・非体系的	政策品質管理（総合評価）

(4) 国連の「補充移民」論

　国連が，2000年に「補充移民」という概念を提起し，1995年段階における人口構造を基礎にして，2050年までの人口変化を補うための外国人移民受け入れ数をシミュレーションした結果は，多くの国に衝撃を与えた。日本も韓国も，もし1995年段階の各種人口指標を2050年まで持続させようとして，移民を受け入れた場合は，その移民とその子孫が日本人口に占める割合は想像を絶するものとなる。総人口を維持しようとした場合は，日本は総計1714万1000人の移民を受け入れ，韓国は150万9000人の移民を受け入れなければならない。生産年齢人口を維持しようとした場合，日本は3233万2000人，韓国は642万6000人の移民を受け入れなければならない。さらにもし老年人口指数を維持しようとした場合は，日本は5億2354万3000人，韓国は51億2814万7000人の移民を受け入れなければならないという荒唐無稽なシミュレーション結果になる。「補充移民」という発想は事実上無理があるということになるだろう。しかし同時にこれは日韓にとって外国人の受け入れは不可避の状況にあることを意味しており，中国も事実上このような少子高齢化の人口変動に伴う外国からの移民問題を避けては通れなくなっている。今後はこうした国境を越える人口移動が引き起こす課題に対する日中韓の共同政策研究がますます重要になるだろう。

2. グローバル化時代の経済統合と社会保障の課題

(1) 日中韓の福祉レジーム論

　日中韓は人口高齢化に対するドメスティックな努力に対する新しい国際的あるいはトランスナショナルな挑戦がなされる時代にさしかかっている。しかしおそらく当分はなお国内的な努力を積み重ねるほかない。要は今の国内的努力としての福祉レジーム構築の傍らでは国際的な調整を図らなければならない事態が進行していることを深く認識しておくことである。少なくとも政策立案や研究に携わる者は、こうした認識を共有し、お互いの理解を深めながら、それを超えた次の対応策を想定した取り組みを進めるべきだろう。

　日中韓がめざましい経済発展を遂げたことによって、これまではヨーロッパにおいてのみ議論が可能とされてきた「福祉レジーム」論の東アジアでの有効性があらためて問われることになった。日本は早くから経済発展と社会保障や社会福祉の関係構築を目指す「福祉レジーム」を追究しており、欧米からは非欧米の唯一の例外として扱われてきた。日本の「福祉レジーム」は、一方でアメリカの経済発展に準拠しながら、他方では北欧、イギリス、ドイツなどの社会保障や社会福祉をモデルとして、日本の家族・地域・職域の独自性に合致させながら発展してきた。とりわけその成果が現れたのが、高度経済成長を成し遂げた1960年代であった。しかし1970年代以後は経済成長率が低下し、高齢化・情報化・国際化という新しい社会的リスクに備えるための「福祉レジーム」の脱構築と再構築が求められるようになり、今日に至っている。

　概略すると、日本の「福祉レジーム」は、社会保険における「職域保険」と「地域保険」の2領域の棲み分けを維持しながら、「家族」については個人主義化させる方向で動いている。しかしこの方向は、現在においては必ずしも韓国や中国と共有してはいない。

(2) 韓国の生産的福祉論

　日本に次いで経済の急成長を遂げた韓国では，これまでの「福祉レジーム」論に新たな1ページを加えることになった。「生産的福祉国家」という韓国独自の「福祉レジーム」が推進されたのである。それは，雇用機会を増やし，最低限の生活保障を整備することで経済発展に生産的な貢献をすることをめざすものであった。「生産的福祉」は「参与民主主義」，「自立的市場経済」とともに韓国の国家理念とされた。「生産的福祉」はまずなによりも市場を通じて公正に一時的分配が行われることが大事であるとしている。そしてそれを補完する国家を通じての再分配を行い，さらに国家と市場が自活のための社会的投資を行うという構想であった。このような韓国の「生産的福祉」は，アメリカの「ワークフェア」という概念に近く，それを国家政府の力を大きく打ち出して推進しようとするところに特徴がある。その一方で，高齢者福祉のような個々の活動は，あくまでも伝統的な家族による福祉を維持しようとしており，韓国の「福祉レジーム」は，開発主義的な「福祉レジーム」であるといわれている。しかし現実は，韓国型の「福祉レジーム」の持続性を脅かしている。さらに今後日中韓の人的交流が高まった時の社会保障制度の相互調整にひとつの課題を提起することになるだろう。

(3) 中国の福祉レジーム構築中

　中国は計画経済の時代には「福祉レジーム」という概念が当てはまらない社会として位置づけられてきたが，改革開放政策の後，急速な市場経済の発展によって，あらためて「単位」という職域が職員家族の生涯にわたる社会保障や社会福祉の責任を負う体制を再構築することが必要になった。まだまだ中国そのものが「一個中国，四個世界」といわれるように一元的には語れない実態があるので，中国全体の「福祉レジーム」を論じることができる状況にはない。しかし，この間に家族による相互保障という伝統を維持しながら，「社区」や「郷鎮」という地域に

よる生活支援を組み合わせる仕組みを構築中といえる。また年金では「個人口座」と「社会統合口座」の組み合わせをしながら年金支給の準備を進めている。着実に中国も独自の「福祉レジーム」を構築中といえるだろう。その際に，中国はアメリカ，イギリス，日本などの取り組みを参酌しながら独自の方式を構築しようとしている。だが，もしその中国型の「福祉レジーム」をあまりにもローカルに，あるいはドメスティックに構築した場合には，日中韓の相互調整が難しくなるリスクが生じる。

(4) 日中韓高齢化に対する共同取り組みの必要性

日中韓は，これまでそれぞれの社会的リスクに対してそれぞれのやり方で解決の方策を考えてきたといえるが，今後は，経済市場の統合などの論議が高まる可能性がある。また人口転換に伴う問題はいずれの国にとっても重要な政策課題である。したがって，一国内の人口構造の差を多国間の社会統合を図って緩和するという発想がひとつの検討課題となる。国際会議の場で，日本の少子高齢化の現状と未来を説明すると，かならず外国人の受け入れを前提にしたケースや経済統合を試みたケースを考えるべきだという意見が出る。「補充移民」論はそのような論議に一矢を報いる結果を示している。同じように，たとえば，日中韓が経済統合を図るとか，「ASEAN＋日中韓」で経済統合を図れば，人口構造のゆがみは是正されるという仮説は検証するに値する。しかし中国の将来的な人口減少や高齢化を予測すると，日中韓の経済統合があったとしても「人口ボーナス」の維持はできず，総人口も維持できないだろう。たとえASEANと一緒になる道を選んだとしても，中国の人口変動はASEANの人口変動と相殺しあって，結局期待されるほどの都合のよい人口構造は確保できない。つまり人口のパイを単純に大きくしても課題は解決できないということになる。

(5) 共同体構想の最後の課題としての社会保障

さらにヨーロッパにおける経済統合からEUまでの歩みに照らし合わせたとき，物品の輸出入関税の撤廃や投資環境の整備による市場統合は比較的容易に進められるが，人間に関わる労働資格や教育や社会保障に関わる分野の統合は難しいといえる。自然人の移動の自由化や労働市場の開放を図ろうとすれば，専門職や職人的な技能の相互認証が不可欠になる。最先端開発分野に関しては，そのような資格の相互認証や国際基準の確立はそう難しくはないだろうが，伝統的な歴史文化に基づく職人の資格やヒューマン・サービスに関わる資格についての相互認証や国際基準確立は容易ではない。大学の単位互換やダブル・ディグリーは容易に進むが，初等教育や中等教育の教科を統合することは難しく，異なったものを併行あるいは調和化する他ない。

とりわけ社会保障については，実施の準備期間を含めて歴史的な経緯をすりあわせることがきわめて難しい状況にある。異なる「福祉レジーム」を統合するというのは容易なことではない。国民皆（医療）保険，国民皆年金の制度を確立して成熟している日本と，まだその緒に就いたばかりの韓国と，まだまだ実施が先になる中国が統合されるためには，かなり長期にわたる調整準備期間を必要とする。社会保障は，各国独自の発展を遂げているので，いわば特殊進化した生物が居住する孤立したガラパゴス島のような状況にあるといえる。それは，一国としての政治や市場経済だけを考えて構築されているので，国際的な市場開放や人の移動を伴う国際体制づくりに際しては，根本的に制度の見直しを図る必要性があることを意味している。

(6) 足並みのそろっていない医療保険・介護保険

たとえば医療保険制度は，日本でも複数のシステムが複雑に絡んでおり，それぞれに独自の組織が運営をしている。国民健康保険，健康保険組合保険，共済組合保険，後期高齢者医療保険など一本化することがで

きないでいる。中国では、医療保険が、都市の職場における健康保険と農村の健康保険で全く異なるシステムになっている。韓国では、医療保険制度の一本化が早くから取り組まれ、既に2003年には国民健康保険公団の保険に統合されている。日本の年金制度は、国民基礎年金という形で基礎的な部分は統合されているが、職域に関係する部分は複数あって統合は課題のまま残されている。韓国では、ようやく準備期間を終えて年金を支給できる段階になったが、中国では、まだまだ整備途中である。日本では介護保険制度を年金制度と医療保険制度の上に立ち上げたが、韓国の老人長期療養保険制度は、国民健康保険の上に立ち上げている。中国ではまだこの分野の保険は検討中でしかない。このように各国の事情が大きく異なっているので、少子高齢化に対して、経済統合で乗り越えようと考えた場合にも、こうした社会保障制度の統合の難しさが、大きな阻害条件となる。こうした背景を無視した外国人労働力導入は、大きな課題を抱え込むことになる。

3. 日中韓アクティブ・エイジング対策の収斂と文化的多元化

(1) 日中韓相互理解に必要なプロトタイプとフェノタイプ

　日中韓の基層には、同じ漢字文化や儒教文化という「プロトタイプ(原型)」が共通に存在しているので、現在の姿が異なる型であるかのように見えたとしても、それは単に「フェノタイプ(発現上の型)」でしかないとみる考え方がある。それによれば、たとえどのような人口学的な差があり、経済的な違いがあったとしても、その基層には「原型」として共通の東アジア的なものがある限りは、他の欧米のような「原型」とは異なるが、東アジアとしての共通性は持続するとみることになる。「儒教資本主義論」は、そうした観点から惹起された議論としては刺激的であるが、欧米とは異なる速度で少子高齢化する東アジア共通の「儒教的高齢社会論」は果たして構築可能かという論議が必要になるだろ

う。福祉国家レジーム理論が欧米の各国の違いを描くだけでなく，東アジアについても言及し，欧米との基本的な違いを指摘しているのも，以上のような視角に基づいているといえるだろう。「和」，「孝」，「恕」などの基礎的な鍵概念が，現に生じているさまざまな社会現象をどれだけ説明できるかが問われる。このような論議は，儒教だけでなく仏教や道教についてもいえることである。

(2) 社会収斂論としての高齢社会論

日中韓が未来志向に立って，エイジング（少子高齢化）という人口転換に伴う社会変動に備えて協調を図るうえで，「社会収斂論」的な視角からの論議が立てられる。具体的には，介護や看護人材の移動に関する資格の調整や，働く人々の国際移動に伴う年金保険・健康保険・介護保険の保険料二重支払いの解消，将来的に成長が見込まれているシルバー産業あるいは高齢親和産業などの東アジア市場開放にむけての規格の標準化の論議において暗黙のうちに想定している理論である。「人口転換理論」が想定しているのも収斂理論である。

つまり，現在は異なって見える諸地域や諸国の人口構造は，いずれ同じように少産少死に収斂していくと見ている。したがって，日中韓のエイジングの共通性が強調されることになれば，これに対する取り組みもまた共有できることが多いはずである。違いがあるように見えたとしても，それは「文化的遅滞理論」がいうような文化領域の変化の時間差によるものでしかないということになる。時間がたてばいずれは，違いを超えて同じような取り組みになると見通すのである。この論議は「原型」に言及する必要を認めず，将来の収斂する方向に関心を集中させることになる。

(3) 文化的多元論としての高齢社会論

だが他方では，そう簡単に「原型」の共通性や未来の収斂性を想定す

ることはできないとして，むしろ各国の文化的多元性に重点をおいて事態を見ていこうとする視角がある。日本は北欧などの福祉制度を盛んに紹介し，たとえば「普遍主義的福祉」を展開しているが，それはイギリスなどで進められている普遍主義的福祉の曲解であるとさえいわれている。つまり同じ概念を使っているようであって，実際には全く異なる意味を内包し，外延していることが注目される。

日本には日本型とでもいうべき他の国や地域と違った「日本型福祉」という概念があるという論議が，大きく取り上げられた時期があった。もしそうならば，韓国における「生産福祉」の概念は，欧米で言うワークフェア論とは違う内容を含んでいるだろうし，中国における「家庭養老」という概念は日本で言う在宅介護や居宅サービスとは違うことになる。高齢者が過去の歴史を担ってきた人間であるとすれば，その歴史的背景，おいたちの個別性などから考えて，同じであることはないという歴史主義・ロマン主義的な認識が先に立つので，あくまでも個別的な1回限りの出来事が連続するとして，対応もまた個別的な TPO（時間・場所・場合）によることになる。社会福祉の中でも臨床とか個人援助といわれる領域に即して考える場合は，こうした多元性に軸足を置いた発想をする傾向が強い。先に見た「福祉レジーム」論などは，この文化的多元主義の系譜に立つといえるかもしれない。

いずれの視角によるにしても，これからの日中韓の人口変動は共通する面があり，またそれぞれに異なる面があることは事実であり，過度に一方の視角を強調することは，かえって事態を直視することを妨げる。それぞれの社会内部でも地域間あるいは階層間等で異なる面があることは無視できない。社会調査の分野では，標準化された尺度に基づいて収集されたデータを数量的に処理して分析する調査法と，個別の事例を詳しく考察する質的調査法を組み合わせて両者の長所を生かすトライアンギュレーション（測量では三角測量法，調査法の場合は異なるふたつの調査から対象をみる法）という手法が知られているが，まさにこれから

の少子高齢社会に対する対策を考える場合には,こうした手法がますます必要になるだろう。

(4) 同一漢字文化圏であるがゆえの誤解

日中韓は同じ漢字文化圏に属している。したがって,「原型」でいえば同じ文化に根ざしている。しかしそれぞれに独自の歴史的経過があって,今日ではなにもかもが同じであるというわけにはいかなくなっている。人口転換によって新しい事態に対応しなければならなくなった時には,先進国で語られ,取り組まれていることを自国に翻訳して紹介することになるが,そのときに使う用語ひとつとってみてもかなりの違いがある。同じ漢字の熟語を使っているから相手に通じるだろうと思いこむと全く通じていないことに驚くこともある。挙げ句の果ては,日中韓で使っている言葉を英語表現に替えて理解を図ろうとするが,それがまた新たな誤解を生むことになりかねない。

(5) 日本における独自の用語例

日本では,欧米の用語を漢字熟語で翻訳することに馴れている。明治以来その伝統は今日まで続いている。しかし戦後は,欧米の用語をそのままカタカナに移し替えることが多くなり,そこに和製英語とか疑似西洋語が氾濫する状況を生み出している。とりわけ高齢者福祉の分野では,日本が歴史上経験したことのない社会状態を経験しているために,それに関する用語が,伝統的な日本語の語彙になく,仕方なく新しい用語を創ったり,西洋語をそのままカタカナ表記に替えて使うことが多くなっている。

たとえば,日本では「介護」という用語はほとんどの人が知っている用語である。しかしその用語は,中国でも韓国でもそのままで通じることはない。「ケア」という言葉にすれば多少は通じるが,しかし英語のcareという用語は,子どもの世話や「気をつける」というような意味

として広がりを持っているために，高齢者に対する介護だけをイメージすることはない。そこで韓国では「老人長期療養保険」という名前の保険制度を創設したが，それは英語の long-term care を翻訳して用いたものである。しかし日本で「長期療養」という用語を聞くと，医療の側のサービスとしてイメージされ，福祉におけるサービスとして日本の「介護保険」と同じようなものであるということは伝わらないおそれがある。日本で「介護の社会化」などという論議があったとき，多くの日本人は家族で高齢者を介護している状態から，施設や専門家たちが家族に代わって高齢者の世話をしてくれることであると理解した人が多いだろうが，中国で「社会福祉の社会化」という概念が語られるときは，行政が社会福祉の責任をとるという体制から企業，社会団体，地域社会，個人も責任を負う体制への移行を意味している。同じ「社会化」という用語を使いながら，個人と国の関係では，まるでベクトルが反対向きの概念であるといえる。

(6) 国境を越える人口移動の含意

これからは，日中韓ともに国内的な「福祉レジーム」の再構築に努力を傾けるだけでなく，国際的な人口移動に対する対策を織り込んで調整を図らなければならなくなるであろう。その最初は，日中韓の労働力の移動の自由化という論議になるだろう。その際，医療職だけでなく，福祉職やパラ・メディカルな職をどのように相互認証するかが当面の課題になるだろう。それは，他の東南アジアからの看護・介護労働力の移動にどう対応するかといった日中韓の共通課題にも連動する。現在のようにそれぞれがドメスティックな対応しか考えない体制が続くとますます国際的な労働力確保競争に不利になるであろう。将来の高齢社会を考えるならば，その準備として日中韓は相互調整を図りながら，東アジア共通政策を検討するべきだろう。それは，近い将来トランスナショナルな人口移動が通常のこととなる社会に備えるための必須課題であるといえ

る。

　喫緊の課題は、このような事態に備えて日中韓のブリッジ人材を育成することである。たとえば、看護師、社会福祉士（社会工作師）、介護福祉士、訪問介護員（療養保護士、老人照護者）などの教育訓練を行う指導者の相互交流を深めることが重要であろう。さらに高齢者サービス事業の経営者たちの相互交流を深めることが重要である。こうした教育機関や雇用組織の相互交流により、雇用環境の相互調整に取り組むことが次の段階として、現職者の相互研修、訓練生の相互実地研修などに展開する素地をつくることになる。それは単に心身機能が低下した高齢者の介護をするというだけでなく、そのような状態になってもなお残っている活動を積極的に引き出して支援できる人材を育成することを目標とするべきであろう。

(7) 日本における生涯現役社会とアクティブ・エイジング

　WHO が提起している「アクティブ・エイジング」という概念は、日本では、「生涯現役社会づくり」という概念に翻訳してよいようであるが、「生涯現役」という概念は、そのままでは中国でも韓国でも通じない。「老いても養うところあり、老いても医療を受けるところあり、老いても教えを受けるところあり、老いても学ぶところあり、老いても為すところあり、老いても楽しむところあり」が中国における高齢者事業の発展目標である。この標語の中に「アクティブ・エイジング」や「生涯現役社会づくり」という概念と重なる部分が表現されている。韓国では、保健福祉家族部が労働部と協力しながら、老人雇用創出支援、高齢者共同作業場設置・運営、ボランティア活動及び余暇活動の支援を通じた高齢者の社会参加の支援などが行われており、これが WHO の「アクティブ・エイジング」や日本の「生涯現役社会づくり」に近い事業となっている。

　このように人口転換によって引き起こされるさまざまな社会的リスク

に取り組む活動が、用語の違いで微妙に異なったイメージを喚起している。日中韓が今後少子高齢化の課題に取り組む場合には、できる限り経験的事実に即して概念の点検をしたうえで理解するという作業が必要になる。九州大学東アジアセンター・オン・エイジングでは、こうした問題意識から、福岡市そのものをエイジングに取り組む活動の野外博物館（オープン・ミュージアム）として捉え、中国や韓国から日本のエイジング政策やエイジング事業を視察研修に来る人々に理解を求めることができるように提言した（ふくおかエイジング・オープンミュージアム構想）。そして日本の高齢化社会に関する用語事典を日中、日韓で翻訳し、これを用いて説明できる通訳ボランティアの養成講座を設置した。その後、この事業は特定非営利活動法人アジアン・エイジング・ビジネスセンターに引き継がれている。この活動の立ち上げには、国際交流基金や笹川平和財団からの助成を受けている。

4. 日中韓でアクティブ・エイジングを目指す
―― 東アジア・エイジング政策研究拠点形成にむけて ――

(1) 日中韓シンポジウムによる相互理解

われわれは、九州大学アジア総合政策センター、中国社会科学院日本研究所、東国大学校の共催によるシンポジウムを 2006 年～2008 年と続けて、2009 年に「日中韓地域連携：共通リスクとその対応」と題して最終回を迎える。これらのシンポジウムの中で高齢化分科会は、一貫して日中韓の共通する課題として人口転換による人口高齢化という人口構造の変化に注目し、この人口転換が惹起する社会的リスクに取り組む日中韓の活動を紹介しあってきた。そして最終回では「東アジア・エイジング政策共同研究拠点形成」について話し合い、提言することとした。日韓は世界最速で高齢化社会へ移行しており、中国も一人っ子政策の影響で、早晩急速な高齢化社会を迎えることになる。

そこでは，家族関係やコミュニティのあり方が大きく変化する一方，福祉，医療，年金といった公的制度の根本的な見直しが急務となっている。こうした東アジア共通のリスクとしての少子高齢化問題の解決には，政府レベルの制度検討だけでは不十分で，各地で始められている官民の現場の試みの中から相互に学び政策や実際の行動に応用していくことが不可欠である。

こうした高齢化対策事例の調査分析と政策的枠組みの研究を推進するため，「東アジア・エイジング政策共同研究拠点形成構想」を検討することとした。具体的には東アジアの中で高齢化社会対策の進んでいる福岡に，東アジア・エイジング政策研究拠点を立ち上げ，日本の高齢化を「他山の石」としながら欧米とは異なる社会変化に対する経験を東アジアで共有することや，人口高齢化に関して日本あるいは福岡市と似た問題状況を抱えている上海市や釜山市などと都市間連携を強化するための方策を探るものである。

(2) 日米東アジアのコンソーシアムの試み

これに関連して，既に九州大学の学内組織で九州大学アジア総合政策センターと連携関係にある九州大学東アジアセンター・オン・エイジングは，2005年から国際協力基金の助成を受けて，ハワイ大学センター・オン・エイジングと協力しながら，まずアジア太平洋地区のアクティブ・エイジングのシンポジウムを開催し，福岡市・山口県周防大島町，ホノルル市，釜山市，上海市でシンポジウムを開催した。これが機縁でつくられたコンソーシアムが，2007年には韓国慶尚南道南海郡でアジア太平洋アクティブ・エイジング会議（ACAP）の名前で誘致され，2008年には上海市の開催する老齢事業発展国際研討会に誘致された。コンソーシアムでは，こうした機会に「アクティブ・エイジング」という政策フレームが，人口転換に基づく社会的リスクに備えるためには重要な概念であると考え，さまざまな提言を行ってきた。

そして，福岡市との間では，これらの提言内容を実現するための「アジアン・エイジング・プラットフォーム構想」を 2007 年に協議し，①ふくおかエイジング・オープンミュージアム構想を引き継いだエイジング・ツーリズム支援，②外国人介護人材育成を支援する介護専門学校，③エイジング・ビジネスの起業支援，④エイジング政策連合大学院などをめざすこととした。そしてこの事業を推進するために特定非営利活動法人アジアン・エイジング・ビジネスセンターを設立して，①に関しては主に韓国からの視察と実習を受け入れる活動や，出前で韓国に出かけて日本の取り組みを講義する事業を展開している。②に関しては，日本在住の外国人に対するヘルパー資格講習を実施する他，FTA に関連して始まったインドネシアやフィリピンからの看護師・介護福祉士の受入れ病院や施設とともに現地調査を行ったり，受入れ後の支援を行っている。③に関連して，健康増進やメタボリック症候群の改善に関連した社会実験を行っている。またソーシャル・マーケティングを実施する予定である。④に関連して，アクティブ・エイジングのコンソーシアムを核としながら，現在 ACAP のネットワーキングを広げており，インドネシア，マレーシア，シンガポール，モンゴルなどからの参加が見込まれている。

(3) 研究拠点形成にむけて

これらの人的資源のネットワークを原資としていずれはエイジング政策の国際的な研究拠点を福岡の地で整備し，エイジング市場の開発やエイジング文化の相互理解を深める活動が展開できればよいと考えている。この側面で，われわれ日中韓シンポジウム高齢化分科会での論議が生かされ，「東アジア・エイジング政策研究拠点形成」を提言し，できればエイジング政策連合大学院を国際的な大学間，研究者間の連携で構築したいと希望している。それは，ささやかながら新しい高齢社会のリスクに備える芽生えになればと願っている。

参考文献

伊藤るり・足立眞理子, 2008, 『ジェンダー研究のフロンティア —— 国際移動と〈連鎖するジェンダー〉再生産領域のグローバル化』, 作品社

サスキア=サッセン, 森田桐郎訳, 1992, 『労働と資本の国際移動 —— 世界都市と移民労働者』, 岩波書店。伊豫谷登士翁編, 2001, 『経済のグローバリゼーションとジェンダー』, 明石書店

梶田孝道, 1999, 「乖離するナショナリズムとエスニシティ —— 『日系人』における法的資格と社会学の現実との間」, 青井和夫・高橋徹・庄司興吉編, 『市民性の変容と地域・社会問題 —— 21世紀の市民社会と共同性: 国際化と内面化』, 梓出版社, 139-165

外国人研修生問題ネットワーク編, 2006, 『外国人研修生時給300円の労働者 —— 壊れる人権と労働基準』, 明石書店

外務省経済局・渡邊頼純, 2007, 『解説 FTA・EPA 交渉』, 日本経済評論社

中華人民共和国の帰国華僑、国内在住家族の権益保護法,
http://japanese.jl.gov.cn/qxjl/200903/t20090324_539541.html

山脇啓造, 2009, 「韓国における外国人政策の転換について」, 『国際文化研修』, Vol. 62, 38-44。http://www.jiam.jp/journal/pdf/v62/jiam_kougi.pdf

2007年在韓外国人処遇基本法,
http://www.asahi-net.or.jp/~na5r-wkmt/kaihou029-4.html

補充移民,
http://www.un.org/esa/population/publications/ReplMigED/migration.htm

G. エスピン・アンデルセン, 岡沢憲芙・宮本太郎監訳, 2001, 『福祉資本主義の三つの世界 比較福祉国家糊論と動態』, ミネルヴァ書房

岡伸一, 1999, 『欧州統合と社会保障 労働者の国際移動と社会保障の調整』, ミネルヴァ書房

森嶋通夫, 1984, 『なぜ日本は「成功」したか』, TBS ブリタニカ

ハロルド・ウィレンスキー, 下平好博訳, 『福祉国家と平等』, 木鐸社

オグバーン, W. F., 1944, 雨宮・伊藤訳, 『社会変化論』, 育英書店

ニール・ギルバート, 阿部重樹・阿部裕二訳, 1995, 『福祉国家の限界 —— 普遍主義のジレンマ』, 中央法規出版

星野信也, 2004, 「社会的公正へ向けた選別的普遍主義」, 『福祉社会学研究』, No. 1, 229-249.

孝橋正一, 1982, 『現代「社会福祉」政策論 ——「日本型社会福祉」論批判』, ミネルヴァ書房

文化的多元主義 http://www.unesco.jp/meguro/unesco/02923cul.div.htm

秋元美世, 2009, 「特集解題 介護労働のグローバル化と介護の社会化」, 『福祉社会学』, Vol. 6, 7-9

生涯現役社会づくり　http://www.ypu.jp/crcypu/geneki/
特定非営利活動法人アジアン・エイジング・ビジネスセンター，
　http://www.aabc.jp

参考資料

〈資料1〉 日本の高齢化社会対策年表

年	仕事と収入	医療・保健・福祉	生活環境	その他
1958		国民健康保険法		
1959	国民年金法			
1961		家庭奉仕員制度		
1963		老人福祉法		
1966				敬老の日
1970			過疎地域緊急対策臨時措置法	
1971	高齢者雇用安定法			
1973		老人医療費支給制度		
1978		ショートステイ		
1979		デイサービス		
1980			過疎地域振興特別措置法	
1982		老人保健法		
1986		中間施設・デイケア		長寿社会大綱
1987			シルバーハウジング	
1989		ゴールドプラン		
1990	社会福祉士及び介護福祉士法	福祉関係8法改正	過疎地域活性化特別措置法	
1991	育児介護法	老人訪問介護	シニア住宅	生涯学習
1993	福祉用具法			
1994		新ゴールドプラン	ハートビル法	

1995	訪問介護員			高齢社会対策基本法
1997		介護保険法		
1998	特定非営利活動促進法 WAC法	精神保健福祉士法		ねんりんピック
1999		ゴールドプラン21		
2000		介護保険開始	過疎地域自立促進特別措置法 バリアフリー指針 交通バリアフリー法	
2005		高齢者虐待の防止, 高齢者の養護者に対する支援等に関する法律	限界集落論	
2006	高年齢者雇用安定法改正	改正介護保険法	バリアフリー新法	
2007	雇用対策法改正 社会福祉士及び介護福祉士法改正 フィリピンEPA			
2008	育児介護法改正 インドネシアEPA		国土形成計画	

〈資料2〉 韓国の高齢化社会対策年表

1963	軍人年金法 産業災害報償保険法	
1973	私立学校教職員年金法 医療法（全面改正） 看護助務士及び医療類似事業者に関する規則	
1982	公務員年金法	
1983	老人福祉法	
1986	母子保健法	
1987	国民年金法	
1994	雇用保険法	
1995	社会保障基本法 地域保健法（全面改正） 医療技師等に関する法律	
1997	社会福祉事業法	
1998	障碍人・老人・妊産婦などの便宜増進保障に関する法律	
1999	国民基礎生活保障法 国民健康保険法	生活保護法廃止 医療保険法廃止 公務員及び私立学校教職員医療保険法廃止 国民医療保険法廃止
2001	医療給与法 医療保護法廃止	医療保護法廃止
2004	嬰幼児保育法 農漁村住民の保健福祉増進のための特別法	
2005	低出産高齢社会基本法	
2006	低出産高齢社会基本計画 高齢親和産業振興法	
2007	老人長期療養保険法	
2008	基礎老齢年金法 病床需給計画の樹立及び調整に関する規則	

〈資料3〉 中国の高齢化社会対策年表

1950	革命工作人員傷亡褒恤暫行条例
1951	中華人民共和国労働保険条例
1952	国務院国家工作人員公費医療予防実施弁法 各級人民政府工作人員退職暫行弁法
1953	中華人民共和国労働保険条例実施細則修正法案
1955	国家機関工作人員退職処理暫行弁法
1956	五保制度の発足
1958	国務院関於工人職員退職処理的暫行規定（草案） 中華人民共和国戸籍登記条例（これにより農村戸籍と都市戸籍が創出）
1978	国務院関於工人退休，退職的暫行弁法 改革開放政策（12月）
1981	民政部関於検査対五保戸生活安排情報通知
1982	城市社会福利事業単位管理工作試行弁法
1986	中華人民共和国民法通則
1988	民政部関於支持和表彰個人弁敬老院的決定
1989	公費医療管理弁法
1990	中華人民共和国残疾人保障法
1991	国務院関於企業職工養老保険制度改革的決定 労働部関於企業職工養老保険基金管理規定 民政部関於進一歩加強農村社会養老保険工作的通知
1992	県級農村社会養老保険基本法案（試行） 中華人民共和国婦女権益保障法 労働部関於使用『職工養老保険手冊』的通知 郷鎮企業職工養老保険弁法
1993	労働部，総後勤部関於軍隊企業貫徹『国務院関於企業職工養老保険制度改革的決定』的通知 民政部関於印発『国家級福利院評定標準』的通知 労働部関於発布『企業職工養老保険基金管理規定』的通知 民政部等関於加快発展社区服務業的意見 社会福利業発展規画 国家公務員暫行条例 関於職工医療保険制度改革試点意見

1994	農村五保供養工作条例 中華人民共和国労働法 関於実施最低工資保障制度的通知 企業職工生育保険試行弁法
1995	中華人民共和国保険法
1996	企業職工工傷保険試行弁法 中華人民共和国老年人権益保障法
1997	関於発展和完善農村合作医療的若干意見 国務院関於建立統一的企業職工基本養老保険制度的決定 国務院関於在全国建立城市居民最低生活保障制度的通知
1998	中国福利彩票発行与管理暫行弁法 社会団体登記管理条例 民弁非企業単位登記管理暫行条例 国務院関於建立城鎮職工基本医療保険制度的決定
1999	失業保険条例 中華人民共和国公益事業捐贈法 城市居民最低生活保障条例 国務院関於成立全国老齢工作委員会的通知 民弁非企業単位登記暫行弁法 社会福利機構管理暫行弁法
2000	社会福利の社会化を加速させる意見
2001	老年人社会福祉施設基本規範
2002	新型農村合作医療
2003	銀年行動（全国老齢工作委員会）
2004	胡錦濤政権による和諧社会構築の提唱
2005	民間による社会福祉施設建設を支援する意見
2006	養老服務業を加速化させる意見 新型農村合作医療モデル事業を加速化させる通知
2007	養老護理員国家職業基準
2008	社会工作者職業水準評価制度暫定規定　社会工作者職業水準検定試験実施方法（ソーシャルワーカー国家資格の実施）

〈資料4〉 日本の介護サービス（英語・韓国語・中国語対訳）

日本の高齢者介護サービス	英語表現	韓国語表現	中国語表現
訪問介護（ホームヘルプサービス）	Home-visit long-term care (Home help service)	방문간호 (홈헬프서비스)	上门照料
訪問入浴介護	Home-visit bathing	방문목욕간호	上门入浴
訪問看護	Home-visit nursing	방문간호	上门护理
訪問リハビリテーション	Home-visit rehabilitation	방문리하비리테션	上门康复训练
通所介護（デイサービス）	Commuting for care (Day service)	통소간호 (하루서비스)	日间照料服务
通所リハビリテーション（デイケア）	Commuting rehabilitation (Day care)	통소리하비리테션 (하루간호)	日间康复服务
福祉用具の貸与・購入費	Rental services and purchase allowance for welfare equipment	복리용기구의 대출・구입비용	福利器械的租借和购买费用的支付
短期入所生活介護（福祉施設のショートステイ）	Short-term stay at a care facility (Short stay)	단기입소생활간호 (복지시설의 숏트스테이)	短期入住生活照料
短期入所療養介護（医療施設のショートステイ）	Medical care service through a short-term stay (Short stay)	단기입소료양간호 (의료시설의 숏트스테이)	短期入住疗养照料
居宅療養管理指導	Management guidance for in-home care (Home-visit medical examination by physician or dentists)	자택료양관리지도	居家疗养管理指导

日本の高齢者介護サービス	英語表現	韓国語表現	中国語表現
特定施設入居者生活介護	Life care for residents in pay facility for the elderly	특정시설입주자생활간호	特定机构入住者生活照料（收费老人院等）
住宅改修費	Allowance for home renovation (Adding handrails, eliminating steps, etc.)	주택개수비용	住宅改造费用的支付
夜間対応型訪問介護	Home-visit long-term care at night (Home help service at night)	야간대응형방문간호	夜间对应型访问照料（夜间定时巡访服务）
認知症対応型通所介護	Long-term care at regional welfare facilities for the elderly (special nursing homes for the elderly of dementia)	인지증대응형통소간호	认知症对应性日间照料
小規模多機能型居宅介護	Combining home-visit long-term care, commuting for care (Day service), and short-term stay at a care facility (Short stay)	소규모다기능형주택간호	小规模多功能型居家照料
認知症対応型共同生活介護（グループホーム）	Daily life care in communal living for the elderly of dementia (Group homes for the elderly with dementia)	인지증대응형공동생활간호 (그룹홈)	认知症对应型共同生活照料（团体之家）

日本の高齢者介護サービス	英語表現	韓国語表現	中国語表現
地域密着特定施設入居者生活介護	Long-term care at pay welfare facilities for the elderly.	지역밀착특정시설입주자생활간호	紧帖社区型特定机构入住者生活照料（小规模收费老人院）
地域密着型介護老人福祉施設入居者生活介護	Long-term care at regional welfare facilities for the elderly (special nursing homes for the elderly)	지역밀착형간호노인복지시설입주자생활간호	紧帖社区型老年人福祉机构入住者生活照料（小规模特别老年人养护院
介護老人福祉施設サービス	Long-term care at welfare facilities for the elderly (special nursing homes for the elderly)	간호노인복리시설서비스	公共照料老年人福利机构（特别老年人养护院
介護老人保健施設サービス	Health care facilities for the elderly requiring long-term care (Health service facilities for the elderly)	간호노인보건시설서비스	公共照料老年人保健机构（老年保健机构）
介護療養型医療施設サービス	Sanatorium type medical care facilities for the elderly requiring care	간호료양형의료시설서비스	公共照料疗养型医疗机构（疗养型病床群）

あとがき

　九州大学アジア総合政策センターの日中韓シンポジウム高齢化社会分科会には，私が九州大学大学院人間環境学研究院教授だった時から関わりを持たせていただいた。この間，日中韓の人口エイジングの研究者と議論の機会を持てたことは幸甚であった。

　私は九州大学内に東アジアセンター・オン・エイジングを組織して，国際的なエイジング研究者コンソーシアムを立ち上げ，日米東アジアの国際シンポジウムを開催してきたが，九州大学アジア総合政策センターの日中韓シンポジウムは，「政策アカデミー」の成立可能性を探る営みとして期待をかけてきた。ちなみに，私が，アジア総合政策センターを通じて「福岡市」に提案した政策は，ささやかながらも福岡市の協力を得て事業化されてきた。たとえば，「ふくおかエイジング・オープンミュージアム」事業では，韓国から視察研修実習に来る人々とそれを受け入れる高齢者介護施設への支援を実現することができた。

　この成果のうえで，特定非営利活動法人アジアン・エイジング・ビジネスセンター（AABC）を福岡市で設立し，産学公連携の舞台を準備し，さらなる事業立ち上げを図ることとした。「アジア介護人材養成」事業では，定住フィリピン人の2級ホームヘルパー養成をする民間団体への支援，病院・介護施設のフィリピンのケアギバー事情の視察支援，笹川平和財団，九州大学アジア総合政策センターと協働したEPAに基づく看護師・介護福祉士候補者についての調査，日韓両政府に対する日韓経済協会を通じての介護職・福祉職人材交流提言，福岡市へのアジアのエイジングに対するプラットフォーム構想などは，現在も着々と事業化の準備に入っている。

このような活動を続けていくうえで，九州大学アジア総合政策センターの存在は，産学公の協働のひとつの柱として，きわめて頼もしい存在であった。政策アカデミーとしての力量を発揮する中国社会科学院や東国大学校の機能を知らされたことは大いなる励みになった。さらには，九州大学がそうした政策アカデミーとしての機能を充実すれば，地域主権の時代に自治体や企業や各種団体だけでなく，海外の自治体や企業や団体とも深みのある交流が育めるという確信を得ることができた。

　最後に，この本は，特定非営利活動法人アジアン・エイジング・ビジネスセンター（AABC）が笹川平和財団の助成を受けて，「アジア型エイジング対応支援事業」の一環として後援した九州大学アジア総合政策センター「日中韓シンポジウム」（2009 年 10 月開催）の高齢化社会分科会の記録を元に編集したものである。ちなみに，このアジア型エイジング対応支援事業では，日本のエイジングに対する取り組みをアジアに伝えるための作業を行っている。当初は，この本の中で日中韓のエイジング用語集を紹介することも考えたが，字数制限等の関係で，これは断念し別の機会に譲ることとした。

　さらには，執筆いただいた朴光駿氏，鮮于悳氏，王偉氏，趙剛氏，安立清史氏，陳暁嫻氏および編集作業の労をとっていただいた松尾紘出子さんには，心より感謝申し上げる次第である。

2010 年 3 月

小川全夫

執筆者紹介

小川全夫（おがわ　たけお）九州大学名誉教授・熊本学園大学社会福祉学部教授，九州大学アジア総合政策センター協力教員

1970年九州大学大学院文学研究科修士課程修了。1996年博士（文学）号取得。職歴として，宮崎大学教育学部，山口大学人文学部，九州大学大学院人間環境学研究院，山口県立大学大学院健康福祉学研究科を経て，2010年より熊本学園大学社会福祉学部教授。九州大学，山口大学より名誉教授号。九州大学アジア総合政策センター学外協力教員。特定非営利活動法人アジアン・エイジング・ビジネスセンター理事。アジア太平洋アクティブ・エイジング・コンソーシアム（ACAP）創立者。専門分野は社会老年学。地域社会学。著書に『地域の高齢化と福祉：高齢者のコミュニティ状況』（恒星社厚生閣，1996年），『高齢社会の地域政策：山口県からの提言』（共編著，ミネルヴァ書房，2000年），*The Demographic Challenge: A Handbook about Japan*（共著，Brill，2008年）など。

朴　光駿（Park Kwang Joon）仏教大学社会福祉学部教授

釜山大学社会福祉学科卒業，同大学院修了，佛教大学大学院で博士号取得。1990年3月～2002年2月（韓国）新羅大学校（前，釜山女子大学校）社会福祉学科教員を経て，2002年から現職。2005～2007年（中国）西北大学客員教授，2008年4月～2009年3月中国社会科学院人口・労働経済研究所客員研究員。専門分野は，社会福祉思想，東アジア社会政策の比較研究。著書に『社会福祉の思想と歴史―魔女裁判から福祉国家の選択まで―』（ミネルヴァ書房，2004年）など。

鮮于　悳（Sun Woo Duk）韓国保健社会研究院研究委員

ソウル大学保健大学院修了（修士），東京大学大学院医学系研究科（博士）。2002年国務総理室老人保健福祉対策委員会，2003年より保健福祉部で，公的老人療養保障推進企画団委員，2006年社会保障委員会実務委員，低出産・高齢社会基本計画樹立作業班委員，2008年老人長期療養運営員会委員，老人健康総合対策タスクフォースチーム委員，2009年障害人長期療養保障推進委員会委員を務める。2009年日本国立保健医療科学院客員研究員。「老人長期療養保障体系の現況と改善方案」（共著，韓国保健社会研究院報告書，2008年）など。

王　偉（Wang Wei）中国社会科学院日本研究所社会室室長，教授

1979年4月～83年3月，中国政府派遣留学生として創価大学文学部社会学科留学。1983年4月より中国社会科学院日本研究所在職。専門分野は日本家族，日本社会保障，中日社会比較研究など。主な業績：『世紀交替における都市と農村の家族』（共著，1999年），『日本社会解読』（共著，2001年），『世界の中の日本文化――摩擦と融合』（共編，2006年），『アジアの発展と改革』（共著，2007年）（いずれも中国語）など。

趙　剛（Zhao Gang）中国社会科学院日本研究所助理研究員
江蘇石油化学工業大学卒業。1993年より日本に留学。2003年皇學館大学大学院国文研究科博士後期課程修了，博士（文学）取得。河南大学兼任教授。専門分野は近世初期における文学及び思想史。著書に『林羅山と近世の儒学』（世界知識出版社，2006年，中国語），ほか論文多数。

安立清史（あだち　きよし）九州大学大学院人間環境学研究院教授，九州大学アジア総合政策センター協力教員
1987年東京大学大学院社会学研究科博士課程修了（単位取得満期退学）。日本社会事業大学社会福祉学部助教授，カリフォルニア大学ロスアンゼルス校客員研究員，1996年九州大学文学部人間科学科地域福祉社会学講座助教授，准教授を経て，2010年より教授。2005年4～9月ボストン・カレッジ社会福祉学部客員教授。専門分野は，福祉社会学，福祉NPO研究。『福祉NPOの社会学』（東京大学出版会，2008年）など著書多数。

陳　暁嫻（Chen Xiaoxian）第14回蘇州市人民代表会議代表
2005年4月，九州大学大学院比較社会文化学府博士号を取得。九州大学大学院人間環境学研究院学術研究員（2005年5月～2006年3月），九州大学大学院比較社会文化研究院特別研究員（2005年4月から2008年3月）を経て，2008月1月から第14回中国・蘇州市人民代表会議代表。社会学，老年社会学を専攻。専門分野は，東アジアの人口高齢化問題およびその対策，中国の居宅養老サービス，福祉NPOなど。

東アジア地域連携シリーズ5

老いる東アジアへの取り組み
相互理解と連携の拠点形成を

2010年6月30日 初版発行

編 者 小川全夫
著 者 小川全夫・朴 光駿・鮮于 惠
　　　 王　偉・趙　剛・安立清史
　　　 陳　暁嫻
発行者 五十川直行
発行所 （財）九州大学出版会
〒812-0053　福岡市東区箱崎 7-1-146　九州大学構内
電話　092-641-0515（直通）
振替　01710-6-3677
印刷・製本　大同印刷㈱

© 2010 Printed in Japan
ISBN978-4-7985-0023-2

九大アジア叢書（①～⑤巻まではKUARO叢書）

1. アジアの英知と自然 —— 薬草に魅せられて ——
   正山征洋
2. 中国大陸の火山・地熱・温泉 —— フィールド調査から見た自然の一断面 ——
   江原幸雄 編著
3. アジアの農業近代化を考える —— 東南アジアと南アジアの事例から ——
   辻　雅男
4. 中国現代文学と九州 —— 異国・青春・戦争 ——
   岩佐昌暲 編著
5. 村の暮らしと砒素汚染 —— バングラデシュの農村から ——
   谷　正和
6. スペイン市民戦争とアジア —— 遥かなる自由と理想のために ——
   石川捷治・中村尚樹
7. 昆虫たちのアジア —— 多様性・進化・人との関わり ——
   緒方一夫・矢田　脩・多田内修・高木正見 編著
8. 国際保健政策からみた中国 —— 政策実施の現場から ——
   大谷順子
9. 中国のエネルギー構造と課題 —— 石炭に依存する経済成長 ——
   楊　慶敏・三輪宗弘
10. グローバル経営の新潮流とアジア —— 新しいビジネス戦略の創造 ——
    永池克明
11. モノから見た海域アジア史 —— モンゴル～宋元時代のアジアと日本の交流 ——
    四日市康博 編著
12. 香港の都市再開発と保全 —— 市民によるアイデンティティとホームの再構築 ——
    福島綾子
13. アジアと向きあう —— 研究協力見聞録 ——
    柳　哲雄 編著
14. 変容する中国の労働法 —— 「世界の工場」のワークルール ——
    山下　昇・龔　敏 編著

新書判・平均200頁・本体価格1,000円（①⑧ 1,200円，④ 1,300円）